# ABI
## Auf einen Blick ●
ab 2023

# Geschichte LF
## Baden-Württemberg

**STARK**

© 2022 Stark Verlag GmbH
www.stark-verlag.de

# Inhalt

3      Was erwartet mich?

## Wege in die Moderne

4      Überblick: (Hoch-)Moderne und Modernisierung

6      Überblick: Revolution

8      Die Industrialisierung in England

10      Die Anfänge der Industrialisierung in Deutschland

12      Die Hochindustrialisierung in Deutschland

14      Die moderne Industriegesellschaft

16      Arbeits- und Lebensbedingungen der Arbeiterschaft

18      Lösungsansätze zur Sozialen Frage

20      Familien- und Rollenbilder

22      Hochmoderne: Lebenswelt und Lebensgefühl

## West- und Osteuropa nach 1945: Wege in die postindustrielle Zivilgesellschaft

24      Wirtschaftliche Entwicklung der Bundesrepublik

26      Wirtschaftliche Entwicklung der DDR

28      Protest in Westeuropa: Wiederbewaffnungsdebatte

30      Protest in Westeuropa: 68er-Bewegung

32      Protest in Osteuropa: DDR

34      Protest in Osteuropa: Ungarn, Tschechoslowakei

36      Aufbruchsversuche im Westen

38      Aufbruchsversuche im Osten

40      Wirtschaftskrise der 1970er-/1980er-Jahre

42      Umbruch im Ostblock: UdSSR, Polen, ČSSR

44      Umbruch im Ostblock: DDR

Die **Schwerpunktthemen des Geschichtsabiturs (Leistungsfach) in Baden-Württemberg** (ab 2023) beschäftigen sich zunächst mit Europas und besonders **Deutschlands Weg in die Moderne** und beziehen sich hier vor allem auf das **19. Jahrhundert**. Anschließend richtet sich der Blick auf die Entwicklung der **postindustriellen Zivilgesellschaft** in der zweiten Hälfte des **20. Jahrhunderts**. Das vorliegende Büchlein soll Ihnen dabei helfen, den Überblick über die recht vielfältigen Themenfelder zu behalten.

- Das Büchlein ist nach dem Doppelseiten-Prinzip aufgebaut. Jede Doppelseite beginnt mit einem **Schaubild**, das ein schnelles Erfassen des Themas ermöglicht und seine zentralen Merkmale veranschaulicht. Durch die grafische Gestaltung werden Zusammenhänge auf einen Blick deutlich und sind leichter zu behalten. Die **historische Abbildung** neben jedem Schaubild gibt einen Einblick in die behandelte Zeit und kann als Merkhilfe dienen.

- Die **Gliederung** des Büchleins folgt den inhaltlichen Schwerpunkten des neuen Geschichtelehrplans für Baden-Württemberg, um eine optimale Vorbereitung auf das Abitur zu ermöglichen. Statt einer rein chronologischen Abhandlung bieten die einzelnen Kapitel **thematische Querschnitte**, die in sich aber weitgehend dem zeitlichen Ablauf der Ereignisse folgen. So wird der Blick für Zusammenhänge, Strukturen und langfristige Entwicklungen geschärft und gleichzeitig die historische Einordnung erleichtert.

  - Das erste Kapitel behandelt das Schwerpunktthema **Wege in die Moderne**. Es geht auf wesentliche **politische, wirtschaftliche und gesellschaftlich-soziale Umbrüche** ein, die eng mit der **Industrialisierung** des 19. Jahrhunderts zusammenhingen. Der Fokus liegt dabei auf den Entwicklungen in **Deutschland**.

  - Der zweite Teil des Büchleins widmet sich dem Schwerpunktthema **West- und Osteuropa nach 1945: Wege in die postindustrielle Zivilgesellschaft**. Im Mittelpunkt stehen **wirtschaftliche Entwicklungen** sowie **politisch-gesellschaftliche Auf- und Umbrüche**, wobei regelmäßig die Zustände in **West und Ost** durch aufeinanderfolgende Doppelseiten verglichen werden können.

Der STARK Verlag wünscht Ihnen bei der Arbeit mit diesem Buch viel Freude und für das Abitur viel Erfolg!

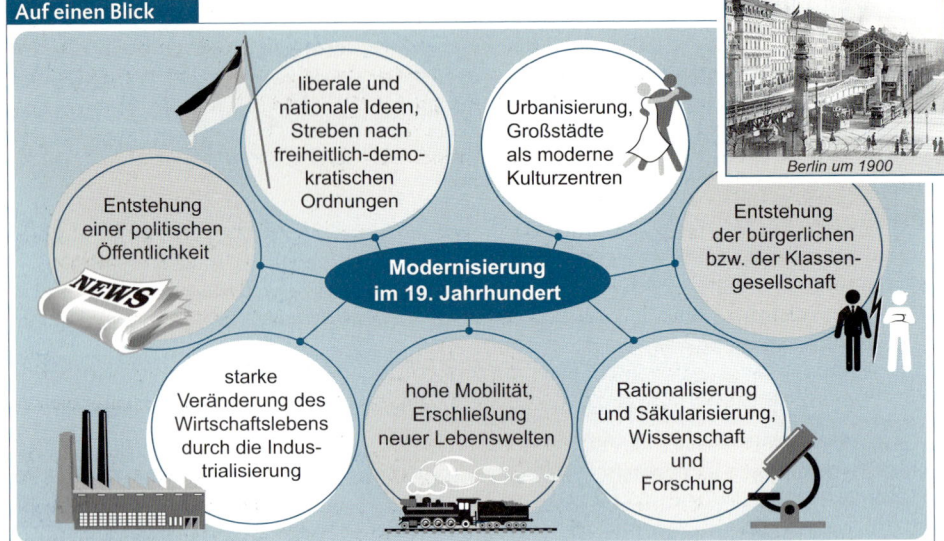

liberale und nationale Ideen, Streben nach freiheitlich-demokratischen Ordnungen

Urbanisierung, Großstädte als moderne Kulturzentren

*Berlin um 1900*

Entstehung einer politischen Öffentlichkeit

Entstehung der bürgerlichen bzw. der Klassengesellschaft

**Modernisierung im 19. Jahrhundert**

starke Veränderung des Wirtschaftslebens durch die Industrialisierung

hohe Mobilität, Erschließung neuer Lebenswelten

Rationalisierung und Säkularisierung, Wissenschaft und Forschung

## Allgemeines

- kontroverse wissenschaftliche Diskussion über den Begriff **„Moderne"** → weitgehende Einigkeit, dass die **Modernisierungsprozesse** v. a. des 19. Jahrhunderts **tiefgreifende Einschnitte** in der Geschichte der Menschheit sind → umfassende, zeitlich parallel stattfindende Umbrüche in verschiedenen Bereichen menschlichen Zusammenlebens
- ABER: **„Gleichzeitigkeit des Ungleichzeitigen" (Ernst Bloch)**
  - Stand der Modernisierung abhängig von z. B. **geografischer Lage** (Unterschiede zwischen Ländern und Regionen, Gegensatz Stadt – Land), **gesellschaftlichem Bereich** (z. B. mehr wirtschaftliche als politische Modernisierung im Kaiserreich), **Wirtschaftssektor**
  - nicht immer lineare Entwicklung, stattdessen **„partielle Modernisierung"** (z. B. Bedeutung von Religion im Wissenschaftszeitalter), unterschiedliche Wege und Methoden → Phasen der **Beschleunigung**, aber auch der **Stagnation und Rückschläge**
  - → **Gleichzeitigkeit und Mischung** von traditionellen und modernen Elementen
- **Hochmoderne** = Teilphase der Moderne → unterschiedliche zeitliche Einordnung
  - engere Einordnung: **Höhepunkt** der Modernisierungsprozesse **um 1900**
  - weitere Einordnung, z. B. bei Ulrich Herbert, der die Hochmoderne von ca. 1880 bis zum **Ende des „Golden Age"** und zum **Strukturwandel** in den 1970er-Jahren laufen lässt

## Ausprägungen der Modernisierung

### Politik

- Wandel von monarchisch-absolutistischen Regierungsformen hin zu ersten Ausprägungen **freiheitlich-demokratischer Ordnungen**, vor allem in der westlichen Welt
- Umbrüche durch **politische Revolutionen** mit liberalen und/oder nationalen Zielen

## Wirtschaft und Technik

- einschneidender Wandel von der Agrar- zur **Industriegesellschaft:** Aufstieg des Industrie- und Dienstleistungssektors auf Kosten der jahrhundertelang dominierenden Landwirtschaft (**Industrialisierung** bzw. „**Industrielle Revolution**"), v. a. in West- und Mitteleuropa
- starke Veränderung des **Wirtschaftslebens** u. a. durch **technische Innovationen**, maschinelle und arbeitsteilige Produktion, neue Wirtschaftsform des **Kapitalismus**

## Gesellschaft

- Ende der starren feudalen **Ständegesellschaft** und Entstehung der **bürgerlichen Gesellschaft** bzw. der **Klassengesellschaft** → Bedeutung von Besitz, Bildung und Wirtschaftskraft statt Herkunft → mehr soziale Mobilität, aber auch starke soziale Ungleichheit
- **Erschließung neuer Lebenswelten** u. a. durch Migration, Urbanisierung, Verkehrs- und Kommunikationsrevolution
- **Rationalisierung und Säkularisierung** der Lebensführung → ABER: kein völliges Verschwinden von Religion, teils sogar Vertiefung des Glaubens und starke Hinwendung zu den Kirchen

## Kultur und Wissenschaft

- steigende Bedeutung der **bürgerlichen Kultur** in den Städten statt feudaler Adelskultur auf dem Land → Großstädte als **Kulturzentren** mit umfangreichen Angeboten für alle Schichten
- Entstehung einer **politischen Öffentlichkeit** (Massenorganisationen, Parteien, Presse)
- Rationalisierung durch steigende **Relevanz von Wissenschaft und Forschung** (v.a. Naturwissenschaften und Technik, aber auch Geisteswissenschaften)

## Gewinner und Verlierer der Modernisierung

- **Gewinner** = Menschen, die den Fortschritt als Chance sehen und nutzen, u. a.:
  - **risikobereite Unternehmer und Geschäftsleute:** Aufstieg durch wirtschaftlichen Erfolg
  - **Wissenschaftler:** große Bedeutung von Forschung (v. a. Technik, Naturwissenschaften); weitere **Akademiker** (Bankiers, Juristen); **Künstler:** Möglichkeiten moderner Kunst
  - **jüdische Bevölkerung**, die von rechtlicher Gleichheit profitiert (Judenemanzipation) und Aufstiegschancen nutzt , ABER: oft soziale Diskriminierung, Anfänge des Antisemitismus
  - Anbieter von **Dienstleistungen** und Gastronomie in den Städten
  - gewisse Fortschritte für **Frauen**, z. B. Zugang zu höherer Bildung (zumindest im Bürgertum)
- **Verlierer** = Menschen, die ihre bisherige politisch-soziale und/oder wirtschaftliche Position verlieren und zum Teil sogar in Not geraten, u. a.:
  - **Adel:** politisch-sozialer Bedeutungsverlust aufgrund neuer politischer Ideen (v. a. Liberalismus) und des wirtschaftlichen Aufstiegs v. a. des Besitz-/Wirtschaftsbürgertums
  - **Handwerker:** Verschwinden traditioneller Berufe durch industrielle Fertigungsweise
  - **Kleinbauern:** zu starke Konkurrenz durch agrarische Großbetriebe, Import billiger Lebensmittel (möglich durch Verkehrsrevolution)
  - **Kleingewerbe:** zunehmende Konkurrenz durch große Warenhäuser
  - **Industriearbeiterschaft**, zumindest in der Hochphase der Sozialen Frage
  - schichtübergreifend: Menschen, die die **massive Veränderung und Beschleunigung** bisheriger Lebenswelten als belastend empfinden und dem Fortschritt **skeptisch** gegenüberstehen

## Auf einen Blick

Revolution 1848/49

**Revolution =
schneller, umfassender Umbruch**

### Politik und Gesellschaft

- bürgerliche vs. proletarische Revolution

- friedliche vs. gewaltsame Revolution

- Revolution „von oben" vs. „von unten"

- 18./19. Jahrhundert: starker Einfluss der Ideen der Aufklärung auf mehrere Revolutionen

### Wirtschaft und Technik

- „Industrielle Revolution" (mit „Agrarrevolution" sowie Verkehrs- und Kommunikationsrevolution) als Ausdruck tiefgreifender Veränderungen

- aber: plötzlicher Umbruch oder eher Prozess? → „Industrielle Revolution" oder „Industrialisierung"?

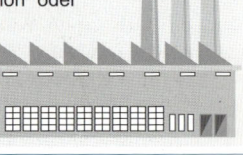

## Allgemeines

- Revolution = Begriff für **schnellen, tiefgreifenden, umfassenden Wandel/Umbruch** in Politik, Gesellschaft, Wirtschaft, Kultur, Wissenschaft und/oder Technik
- Gegenbegriff: **Reform** = evolutionärer, gemäßigter, friedlicher Wandel
- Untersuchung von Revolutionen mit Blick auf Gemeinsamkeiten, Ähnlichkeiten, Unterschiede (z. B. Ursache, Anlass, Ablauf, Akteure, Symbole, Ziele, Dauer, Ergebnis)
- 19. Jahrhundert: in manchen Ländern gleichzeitig politische und industrielle Revolution
  → **„Doppelrevolution"**, ABER: Begriff **umstritten**, da direkter Zusammenhang suggeriert wird

## politische Revolution

- friedlicher oder gewaltsamer **Umsturz** eines politischen Systems, **Umverteilung** politischer Macht, Beseitigung einer Gesellschaftsordnung und/oder Erringung nationaler Unabhängigkeit
- Bedeutung von Ideen der Aufklärung: **Volkssouveränität** (↔ Absolutismus, Gottesgnadentum), **Rechtsstaatlichkeit**, unveräußerliche **Menschen- und Bürgerrechte** → Ziel: Erlass von **Verfassungen**, die Rechte und Pflichten von Volk und staatlichen Institutionen festhalten
- Kategorisierung anhand der **Träger** von Revolutionen:
  – **„bürgerliche Revolution"**: vom Bürgertum getragen, das politische Teilhabe möchte
  – **„proletarische Revolution"** (marxistische Idee nach Marx, Engels): getragen von den Unterschichten (angeführt von kommunistischer Partei) gegen das Besitzbürgertum („Bourgeoisie")
  – **„Revolution von oben"**: Umbruch durch Reformen der Herrschenden (Monarch, Regierung)
  ↔ **„Revolution von unten"**: Umbruch durch Erhebung des Volks
- für die Entwicklung der westlichen Demokratie wegweisend: **USA und Frankreich** → Ausstrahlung liberaler und nationaler Ideen, Modernisierungs- und Reformdruck auf andere Staaten
  – **Amerikanische Revolution 1776:** Unabhängigkeit von 13 britischen Kolonien in Nordamerika → Gründung der Vereinigten Staaten von Amerika (Republik), Umsetzung grundlegender

Gedanken der Aufklärung (Verfassung, Volkssouveränität, Gewaltenteilung, Menschen- und Bürgerrechte)
- **Französische Revolution 1789:** Erhebung des Dritten Standes gegen privilegierten Adel und Klerus, Ende von absoluter Monarchie und feudaler Ständegesellschaft, Verfassung, Menschen- und Bürgerrechte, Liberalisierung und Säkularisierung (= Trennung Staat – Kirche)

## „Industrielle Revolution"

- tiefgreifende Veränderungen durch die **Industrialisierung** → starkes und langfristiges **Wirtschaftswachstum**, Bedeutungszuwachs des **industriellen/sekundären Sektors** auf Kosten des primären Sektors ( = Landwirtschaft, Bergbau, Fischerei, Forstwesen)
- **wirtschaftlich-technologischer Umbruch:** bahnbrechende Erfindungen, maschinelle Massenproduktion in Fabriken statt Herstellung von Einzelstücken in Handarbeit
- tiefgreifender Wandel von der ständischen Agrar- zur industriellen **Klassengesellschaft**, Übergang zur kapitalistischen Marktwirtschaft
- ABER: Forschungsdiskussion über **Angemessenheit** des Begriffs „Industrielle Revolution"
  - Pro: immer wieder „Take-off"-Phasen (hohes Wirtschaftswachstum in kurzer Zeit); starke Auswirkungen auf viele Lebensbereiche, Denkweisen und Mentalitäten
  - Kontra: **länger andauernder Prozess** über Jahrzehnte, regionale und branchenabhängige Unterschiede

## „Agrarrevolution"

- ab ca. 1700 ausgehend v. a. von England: **Modernisierung der Landwirtschaft**, Steigerung der Güterproduktion; ABER: kein plötzlicher Umbruch, sondern **längerer evolutionärer Prozess**
- neue **Feldfrüchte**, Fruchtwechselwirtschaft (statt Dreifelderwirtschaft), **technische Neuerungen** (z. B. Saat-, Dreschmaschine), künstliche **Bewässerung** (z. B. Kanäle), Erschließung von Land durch Trockenlegung, Einsatz von **Düngemitteln**, kontrollierte **Zucht** (z. B. Schafe mit hochwertiger Wolle, Rinder mit höherem Fleischertrag)
- **Folgen für die Industrialisierung:** Freisetzung von Arbeitskräften durch effektivere Arbeit in der Landwirtschaft; Erwirtschaftung von Kapital, das in Fabriken, Infrastruktur, Gerätschaften und Konsumgüter (z. B. Textilien) investiert wird

## Verkehrs- und Kommunikationsrevolution

- Siegeszug der **Eisenbahn** → schnellerer, billigerer Transport von Personen und Gütern → internationaler Warenaustausch, Anfänge des Massentourismus
- Ausbau der **Schifffahrt** (z. B. Bau von Kanälen); Bedeutung des Dampfschiffs, das den internationalen Handel fördert und den Transport von Produkten aus Übersee ermöglicht
- Beginn der **Luftfahrt** (Luftschiffe, erste Flugzeuge)
- mehr **Mobilität** in Städten (Fahrrad, Automobil, öffentlicher Nahverkehr)
- **schnellere und kostengünstigere Zustellung von Post** auch über weite Strecken (durch Eisenbahn, Dampfschiff, später auch Flugzeug)
- neue Erfindungen wie **Telegraf und Telefon** als verzögerungslose, schnellste Art der **Informationsübermittlung** (schließlich sogar nach Übersee)
- → **neues Empfinden von Raum und Zeit**; Euphorie, aber auch Unsicherheit und Überforderung

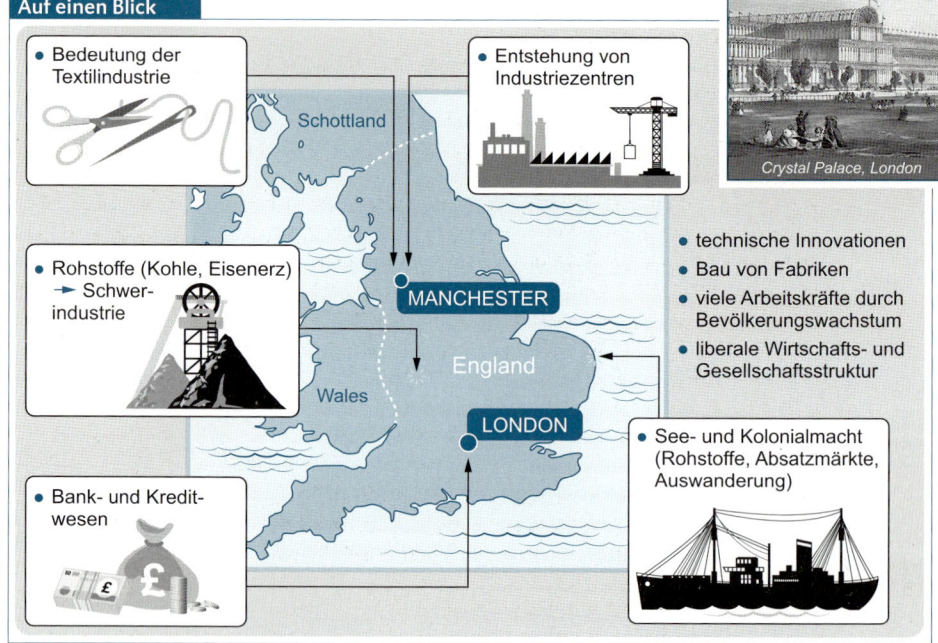

**Auf einen Blick**

- Bedeutung der Textilindustrie
- Entstehung von Industriezentren

Schottland

*Crystal Palace, London*

- Rohstoffe (Kohle, Eisenerz) → Schwerindustrie

MANCHESTER

England

Wales

LONDON

- technische Innovationen
- Bau von Fabriken
- viele Arbeitskräfte durch Bevölkerungswachstum
- liberale Wirtschafts- und Gesellschaftsstruktur

- See- und Kolonialmacht (Rohstoffe, Absatzmärkte, Auswanderung)

- Bank- und Kreditwesen

## Rahmenbedingungen

ab der zweiten Hälfte des 18. Jahrhunderts: England als **europa- und weltweiter Vorreiter** im Industrialisierungsprozess → günstige Voraussetzungen und Rahmenbedingungen:

- **Bevölkerungswachstum** und demografischer Wandel (seit dem 18. Jahrhundert):
  - bessere Versorgung der Bevölkerung durch die „**Agrarrevolution**": Flurbereinigung, Konzentration von Nutzflächen, neue Anbaumethoden (v. a. Fruchtwechsel) und technische Geräte, Ausbau der Viehzucht
  - wissenschaftliche Fortschritte in **Medizin und Hygiene** → mehr Geburten, geringere Kindersterblichkeit, höhere Lebenserwartung
  - → steigende **Güternachfrage** im Inland (z. B. Textilien), viele billige Arbeitskräfte für entstehende Fabriken, wachsende Städte und Industriezentren (z. B. Manchester)
- leichter Zugang zu **Rohstoffen:**
  - gut abbaubare Rohstoffvorkommen (Steinkohle, Eisenerz) im **Mutterland**
  - Vorteile durch Englands Status als **See- und Kolonialmacht:** Kolonien als Rohstofflieferanten (z. B. Baumwolle, Edelmetalle) und Absatzmärkte, Rückgriff auf weltweite Handelsnetzwerke
- **räumlich-geografische Vorteile:**
  - Nähe zum Meer, flache Ebenen → Ausbau von **Transportwegen** (z. B. Eisenbahn) und **Häfen**
  - mehr **Sicherheit** durch Insellage (z. B. um 1800 keine Kriegshandlungen in England während der Koalitionskriege gegen Frankreich)
  - **gemäßigt-maritimes Klima** mit günstigen Folgen für die Landwirtschaft
  - **einheitlicher Wirtschaftsraum** (keine Binnenzölle)

- **ausreichend Kapital** durch weltweiten Handel → 18. Jahrhundert: Ausbildung eines effektiven Bank- und Kreditwesens (v. a. City of London)
- **offenere Gesellschaftsstruktur** als auf dem Festland; frühere Abwendung vom Feudalismus, Merkantilismus und Protektionismus
- Bedeutung des **Wirtschaftsliberalismus** für England und die moderne Marktwirtschaft:
  - von der Aufklärung geprägte Theorie des Schotten **Adam Smith** (1776 „Wealth of Nations")
  - zentrale Bedeutung des **Individuums: Egoismus und Gewinnstreben** als Antrieb, um Produktionsprozess möglichst effektiv zu gestalten und Innovationen voranzutreiben
  - Wettbewerb am (inter)nationalen **Markt**, der über **Angebot und Nachfrage** gesteuert wird → optimale Verteilung von Ressourcen, Förderung des allgemeinen Wohlstands
  - passive Rolle des Staats: Schaffung von **Rahmenbedingungen** (z. B. Gewerbefreiheit, Rechtssicherheit, Bildung), Unterstützung des **Freihandels** (keine Handelshemmnisse) ↔ **Protektionismus** = aktives Eingreifen des Staats zugunsten der eigenen Wirtschaft (u. a. Zölle)
  - **Manchesterliberalismus** („Laissez-faire") als extremste wirtschaftsliberale Spielart → Staat beobachtet das wirtschaftliche Geschehen nur und greift gar nicht ein („Nachtwächterstaat")

## Kennzeichen und Verlauf

- bedeutende **technische Innovationen:** Dampfmaschine (v. a. James Watt), mechanischer Webstuhl, Spinnmaschine (u. a. „Spinning Jenny", „Spinning Mule")
- Neuorganisation von **Produktionsprozessen:** maschinelle Produktion in Fabriken mit Arbeitsteilung und Spezialisierung
- **Schrittmacherindustrien/Leitsektoren:**
  - zunächst **Textilindustrie** (Zentrum: Manchester) → massenhafte, billigere Produktion sowie weltweiter Verkauf von Textilien aus importierter Baumwolle
  - später **Bergbau, Eisen- und Stahlindustrie, Maschinen- und Eisenbahnbau** → Entstehung wichtiger Industriezentren in der Nähe von Kohle- und Eisenerzvorkommen (Nordengland, Südwales, Südschottland)
- **Verkehrsrevolution** und Ausbau des Transportwesens:
  - Erweiterung des Straßennetzes
  - Nutzung schiffbarer Flüsse, Küstenschifffahrt, Ausbau der Wasserwege durch Kanäle
  - **Bedeutung der Eisenbahn als Motor der Industrialisierung:** um 1800 Bau erster Dampflokomotiven, 1825 Eröffnung der ersten Eisenbahnstrecke → großer Absatz für die Schwerindustrie, schneller und günstiger Transport von Rohstoffen und Waren
- **Binnenmigration**, **Urbanisierung** und Verstädterung, aber auch viel **Auswanderung**, v. a. in (ehemalige) Kolonien
- → **führende Wirtschaftsmacht** durch steigendes Wirtschaftswachstum → **Vorbildrolle** für Europa: **Imitation Englands** unter Berücksichtigung besonderer Gegebenheiten im jeweiligen Land; Export von Know-how und Maschinen von England in andere Länder
- → **Großbritannien als erste Industrienation der Welt:** unangefochtene wirtschaftliche Führungsrolle („workshop of the world") bis in die zweite Hälfte des 19. Jahrhunderts, dann zunehmende Konkurrenz durch die USA und Deutschland

**Auf einen Blick**

### Die Anfänge der Industrialisierung auf deutschem Boden

| um 1800 | bis ca. 1830/40 | ab ca. 1840/50 |
|---|---|---|
| • fehlende staatliche und wirtschaftliche Einheit | • Anfänge der Industrialisierung mit ersten modernen Fabriken | • allmählicher wirtschaftlicher „Take-Off" |
| • Hemmnisse durch Ständegesellschaft und Merkantilismus |  erster Leitsektor: Textilindustrie | ▶ „Erste Industrielle Revolution" |
| • starke Bedeutung von Landwirtschaft und Handwerk, aber auch schon proto-industrielle Produktion (Verlagssystem, Manufakturen) | • mehr wirtschaftliche Freiheiten durch Reformen | • Entstehung wichtiger Industriezentren |
| | • geringere staatliche Zersplitterung durch den Deutschen Bund | • Montanindustrie als Leitsektor, große Bedeutung der Eisenbahn |
| | | • wirtschaftliche Zusammenarbeit im Deutschen Zollverein |

## Ausgangslage um 1800

- **Rückständigkeit** Deutschlands im Industrialisierungsprozess (v. a. im Gegensatz zu England):
  - territoriale **Zersplitterung** und fehlende wirtschaftliche Einheit (u. a. Zölle sowie unterschiedliche Maße, Gewichte, Währungen, Wirtschaftspolitik) im bis 1806 bestehenden Heiligen Römischen Reich deutscher Nation
  - **Kriegsschauplatz** während der französischen Hegemonie, gewisse Auswirkungen der **Kontinentalsperre** gegen England
  - starke Bedeutung der **Landwirtschaft**
  - Hemmnisse durch **starre Ständegesellschaft** (Grundherrschaft, Zünfte) und absolutistische Wirtschaftspolitik des **Merkantilismus** (starke Eingriffe des Staats)
- aber auch Faktoren, die sich **langfristig günstig** auf die Industrialisierung auswirken:
  - recht gut ausgebautes **Universitäts- und Schulwesen**
  - hohe **Rechtssicherheit**, funktionierende **Verwaltungsapparate**
  - schon länger in Handel und Gewerbe tätiges **Bürgertum**, v. a. in den Städten
  - massives **Bevölkerungswachstum**, das zwar zum Pauperismus der Frühindustrialisierung führt, aber viele Arbeitskräfte für die Industrialisierung stellt
  - Vorformen späterer kapitalistischer Betriebe: **Verlagssystem** (v. a. Textilien), **Manufakturen** (v. a. Luxusartikel) → **„Proto-Industrialisierung"** des 18. Jahrhunderts

## Die Frühindustrialisierung

- **erste Phase der Industrialisierung** (ca. 1800–1830/40), in der wichtige Erfindungen (v. a. Dampf-, Spinnmaschine) von England nach „Deutschland" gelangen und erste moderne Fabriken entstehen → **Übergang von vorindustrieller zu industrieller Zeit**

- mehr **persönliche und wirtschaftlich-soziale Freiheiten** durch staatliche **Agrar- und Gewerbereformen** (Preußen, Rheinbundstaaten):
  - Ende von Ständegesellschaft und Zunftwesen (bisher Regelung beruflicher und persönlicher Angelegenheiten, z. B. Heiratsbeschränkungen, Produktionsvorgaben)
  - Gewerbe- und Berufsfreiheit → **Liberalisierung des Wirtschaftsprozesses**, Voraussetzung für **Marktwirtschaft** (Konkurrenz am Markt, der Angebot und Nachfrage bestimmt) und **Kapitalismus** (Streben nach möglichst viel Profit)
  - **„Bauernbefreiung“**: freieres Leben für Bauern statt Abhängigkeit vom Grund-/Gutsherrn
  - ABER: Unterschiede in Tempo und Umfang der Reformen in den deutschen Einzelstaaten
- 1806 Ende des Heiligen Römischen Reichs → Wiener Kongress 1814/15: Bildung des **Deutschen Bundes** mit deutlich weniger Einzelstaaten (größere Wirtschaftsflächen); ABER: keine gemeinsame Wirtschafts-, Handels-, Verkehrspolitik (u. a. noch viele Zollschranken)
- enormes **Bevölkerungwachstum** (u. a. Fortschritte in Landwirtschaft und Medizin, Aufhebung sozialer Beschränkungen) → **großes Arbeitskräfteangebot**, verstärkt durch zunehmende Krise vorindustrieller Branchen
- **Textilindustrie** als Leitsektor/Schrittmacherindustrie, ABER: noch oft proto-industriell betrieben (Heim-, Handarbeit), weiter große Bedeutung von Handwerk und Landwirtschaft

## Wirtschaftlicher „Take-off"

- **„Take-off"** = qualitativ-quantitiver wirtschaftlicher Wachstumsschub:
  - **Beginn der „(Ersten) Industriellen Revolution"**, in Deutschland 1840/50 – ca. 1870/73
  - ABER: kein durchgehender Aufstieg (auch Rückschritte), branchenspezifische und regionale **Unterschiede** (auch Gebiete, in denen die Industrialisierung nicht Fuß fassen kann)
- Entstehung von **Industriezentren** (Ruhrgebiet, Oberschlesien, Sachsen, Berlin, Saarland)
- Leitsektor/Schrittmacherindustrie: **Schwer-/Montanindustrie** (mit Bergbau) wegen steigender Nachfrage nach Eisenerz, Kohle und Stahl für **Eisenbahn- und Maschinenbau** → z. B. rasanter Aufstieg der Firma **Krupp** (Essen)
- zentrale Bedeutung der **Eisenbahn** (Eröffnung der ersten Strecke zwischen Nürnberg und Fürth 1835):
  - schnellerer **Transport** von Menschen, Rohstoffen und Waren
  - **Erschließung weiter Gebiete** und neuer Märkte durch immer größeres Schienennetz, Ausnutzen der Vorteile der Mittellage in Europa
  - Förderung der **Schwerindustrie** durch hohen Bedarf an Lokomotiven, Waggons, Schienen; viele Arbeitsplätze in Eisenbahnbau (u. a. Borsig, Kessler, Maffei) und Transportwesen
- viele billige Arbeitskräfte aufgrund der **Pauperismus-Krise** (Höhepunkt in 1840er-Jahren)
- weiter politisch-wirtschaftliche Zersplitterung, ABER: 1834 Gründung des **Deutschen Zollvereins** unter preußischer Führung (ohne Österreich) → Abbau von Zoll-/Handelsschranken, Vereinbarung gemeinsamer Außenzölle, Schaffung eines **einheitlichen Wirtschaftsraums** (u. a. Vereinheitlichung von Handelsrecht, Währung, Maßen, Gewichten)
- Gründung von **Banken und Aktiengesellschaften**, da im kapitalistischen Wirtschaftssystem immer mehr Geld für Investitionen benötigt wird
- Gründung erster **Gewerbeschulen** zur Ausbildung von Facharbeitern → Vorläufer der späteren Technischen Hochschulen (z. B. Ausbildung von Ingenieuren)

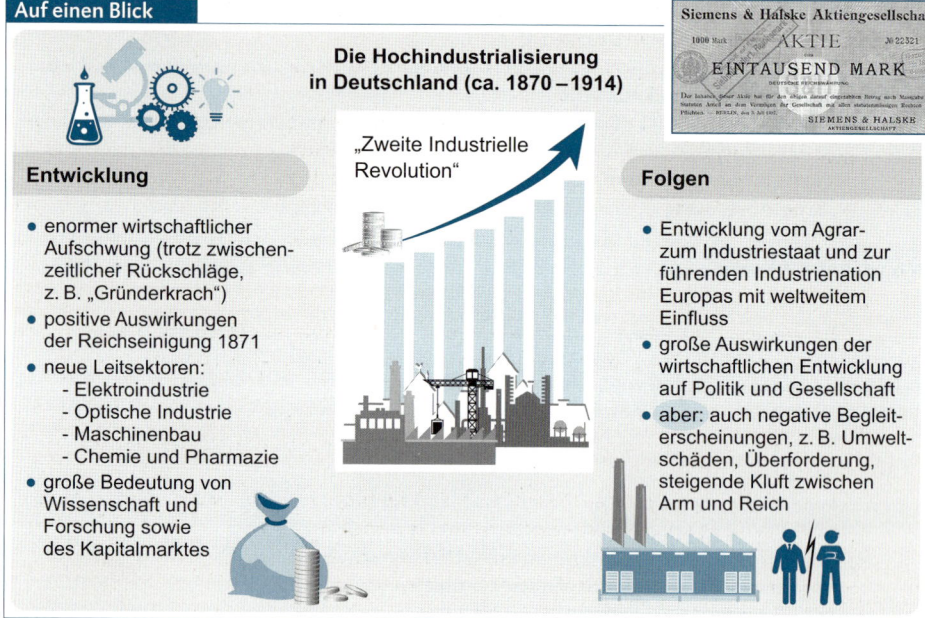

**Auf einen Blick**

### Die Hochindustrialisierung in Deutschland (ca. 1870–1914)

„Zweite Industrielle Revolution"

**Entwicklung**

- enormer wirtschaftlicher Aufschwung (trotz zwischenzeitlicher Rückschläge, z. B. „Gründerkrach")
- positive Auswirkungen der Reichseinigung 1871
- neue Leitsektoren:
  - Elektroindustrie
  - Optische Industrie
  - Maschinenbau
  - Chemie und Pharmazie
- große Bedeutung von Wissenschaft und Forschung sowie des Kapitalmarktes

**Folgen**

- Entwicklung vom Agrar- zum Industriestaat und zur führenden Industrienation Europas mit weltweitem Einfluss
- große Auswirkungen der wirtschaftlichen Entwicklung auf Politik und Gesellschaft
- aber: auch negative Begleiterscheinungen, z. B. Umweltschäden, Überforderung, steigende Kluft zwischen Arm und Reich

Siemens & Halske Aktiengesellschaft
1000 Mark AKTIE № 22321
EINTAUSEND MARK
SIEMENS & HALSKE

## Entwicklung

- **Hochindustrialisierung** oder „**Zweite Industrielle Revolution**" (ca. 1870–1914), zeitlich in etwa deckungsgleich mit dem Deutschen Kaiserreich (1871–1918)
- starker wirtschaftlicher Aufschwung des **geeinten Deutschland** → **Entwicklung vom Agrar- zum Industriestaat** und zur **führenden Industrienation Europas**, in manchen Branchen sogar weltweite Spitzenposition und Technologieexporteur
- **Gründerjahre/Gründerzeit:**
  - **Wirtschaftsboom** der frühen 1870er-Jahre: Gründung von Unternehmen, Banken und Aktiengesellschaften; hohe Investitionsbereitschaft
  - **Auswirkungen der Reichsgründung** 1871: französische Kriegsentschädigung (zusätzliches Kapital), Gewinn von Elsass-Lothringen (Rohstoffe), weitere Vereinheitlichung des Wirtschaftsraums (z. B. Mark als gemeinsame Währung), einheitliche wirtschaftsliberale Politik
- ABER: **Gründerkrise/„Gründerkrach"** ab 1873 nach Absturz der Börsenkurse in mehreren wirtschaftsstarken Staaten (u. a. USA) → Konkurse, Arbeitslosigkeit → **Schutzzollpolitik**, um eigene Wirtschaft zu schützen → vorübergehend Stagnation, dann wieder enormer Aufschwung

## Merkmale

- Wachstum bisheriger Schrittmacherindustrien (v. a. Montanindustrie, Eisenbahnbau), ABER: Aufstieg **neuer Leitsektoren**, in denen Deutschland eine weltweite Führungsrolle spielt
- Aufschwung der **Wissenschaften** (v. a. Naturwissenschaft, Technik; neue Disziplinen wie Volkswirtschaftslehre, Psychologie), Forschung in universitären, privaten, firmeneigenen **Forschungs-**

und **Entwicklungseinrichtungen** = Verwissenschaftlichung und Erhöhung der Produktion durch bahnbrechende Neuerungen
- zunehmende Bedeutung der **Kapitalbeschaffung** → Ausbau des **Bankenwesens**, Bildung wichtiger **Aktiengesellschaften**
- **Konzern- und Kartellbildungen** zum Schutz vor Wettbewerb → Entstehung von Industriegiganten mit maßgeblichem Einfluss auf Politik und Gesellschaft
- zunehmende **Organisation von Arbeitgebern bzw. Arbeitnehmern** in Industrieverbänden bzw. Gewerkschaften

## Neue Leitsektoren

- **Elektroindustrie:**
  - Erfindungen wie **Glühlampen** und elektrisches Licht → Nutzung von **Elektrizität** in größerem Ausmaß, z. B. öffentliche Beleuchtung, elektrische Straßen- und U-Bahnen, verbesserte **Kommunikation** (Anfänge des Telefons)
  - **wachsende Stromnachfrage** → Entstehung von **Kraftwerken**
  - Firmen mit Spitzenposition: **Siemens** und **AEG** (Allgemeine Elektricitäts-Gesellschaft)
- **Optische Industrie:**
  - **wachsender Bedarf** z. B. an Mikroskopen für die zunehmende naturwissenschaftlich-technische Forschung sowie an Zubehör für die aufstrebende Fotografie
  - erfolgreiche **Zusammenarbeit zwischen Wissenschaftlern und Praktikern**
  - Weltruhm der **Zeiss-** und der **Schott-Werke** in Jena
- **Maschinen- und Fahrzeugbau:**
  - Einsatz **präziser Werkzeugmaschinen** anstelle von feinmechanischer Handarbeit
  - Verdrängung des bisherigen Energieträgers Kohle durch **Erdöl** → wichtig für Herstellung von Benzin als Antrieb von **Verbrennungsmotoren**, z. B. Otto-Motor (1876), Diesel-Motor (1897)
- **Chemie- und Pharmaindustrie:**
  - Chlor, Soda und Schwefelsäure als Grundlage neuer Produkte, z. B. für **synthetischen Farbstoff Anilin** → Deutschland als Spitzenreiter im Farbexport
  - weitere **neue Produkte:** Kunstdünger, Kunststoffe, Kunstseide, Arzneimittel
  - Entstehung großer Firmen (z. B. **BASF**, **Bayer**), auch mit eigenen Forschungslaboren

## Problematische Begleiterscheinungen des Fortschritts

- **ökologische Schäden:** Luft- und Wasserverschmutzung durch Brennstoffe und Abwässer → langfristig Gefahr durch Klimakatastrophen
- Einsatz der „neuen" Industrien in **Rüstung und Krieg** → Produktion neuer schwerer Waffen und Munition, Verwendung von Sprengstoff und Giftgas
- **Beschleunigung** des täglichen Lebens: Einzug von Rastlosigkeit und Hetze, Unterwerfung unter Anforderungen der Technik
- Vertiefung **sozialer Unterschiede** zwischen Arm und Reich
- **Gefahren eines unbedingten Fortschrittsglaubens:** Wirtschaftswachstum bedeutet nicht unbedingt steigende Lebensqualität, außerdem rücksichtsloser Ressourcenverbrauch ABER: Wirtschaftswachstum auch Voraussetzung für **Produktion wichtiger Konsumgüter**

**Auf einen Blick**

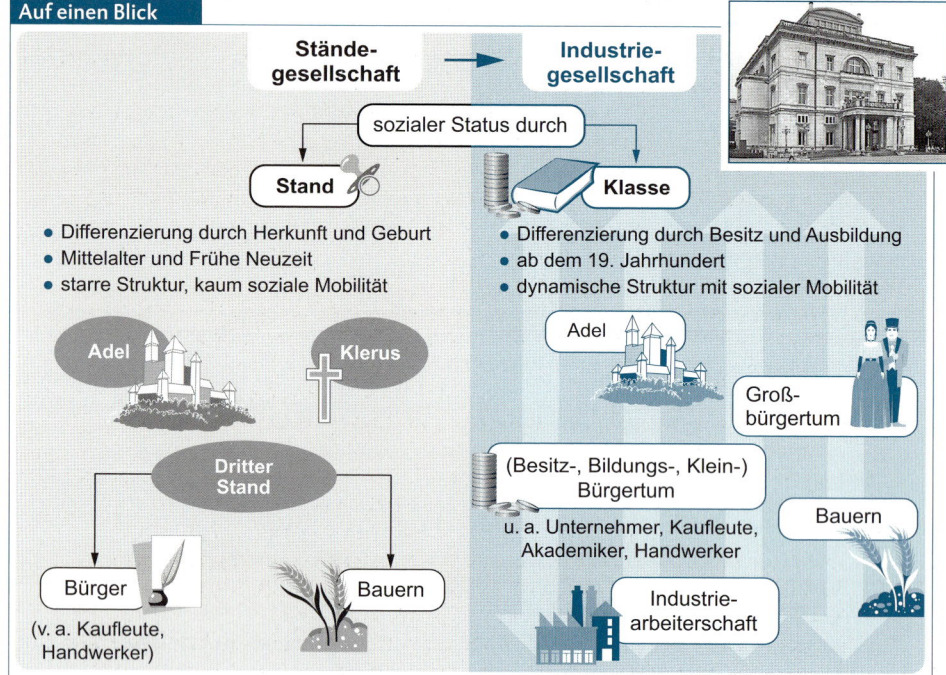

## Die Entstehung der bürgerlichen Klassengesellschaft

- 19. Jahrhundert: Übergang von der starren Agrar- und Ständegesellschaft zur **bürgerlichen Gesellschaft** bzw. zur dynamischen **Industrie- und Klassengesellschaft:**
  - Ordnung der Gesellschaft nicht mehr nach Herkunft, Stand und Geburt, sondern Einteilung der Bevölkerung in wirtschaftlich definierte, marktbedingte **soziale Klassen** (Max Weber) →
    **Klassengesellschaft**, die durch soziale Ungleichheit und das Leistungsprinzip geprägt ist
  - **mehr soziale Mobilität**, da nun berufliche Qualifikation und Leistungsfähigkeit entscheidend
    für die gesellschaftliche Position → **sozialer Aufstieg** durch Arbeit und Bildung leichter mög-
    lich als zuvor
- zwar Fortbestehen bisheriger Schichten (z. B. Adel als kleine Oberschicht, Bauern auf dem Land),
  ABER: klare Prägung der Gesellschaft durch zwei entgegengesetzte **große Klassen** mit teils
  starkem Vermögensgefälle sowie unterschiedlichen Interessen und Lebenswelten:
  - **Bürgertum = Bourgeoisie** (marxistischer Begriff): prägende Rolle in Wirtschaft und Gesell-
    schaft, Aufstieg bürgerlicher Unternehmer zu großem Wohlstand
  - **(Industrie-)Arbeiterschaft = Proletariat** (lat.: proles = Nachkommen): marxistische
    Bezeichnung für die lohnabhängigen Industriearbeiter, die keine Produktionsmittel und kaum
    Besitz haben und nur ihre Arbeitskraft „verkaufen" können
  - beide Klassen als zentraler Bestandteil der Theorie des **Marxismus: Klassenkampf** zwischen
    der Bourgeoisie als Eigentümerin der Produktionsmittel („herrschende Klasse") und dem
    besitzlosen, durch die Unternehmer ausgebeuteten Proletariat („arbeitende Klasse")

## Der Aufstieg des Bürgertums

- steigende politische, wirtschaftliche, gesellschaftliche und kulturelle Bedeutung des Bürgertums; Herausbildung verschiedener Gruppierungen:
  - **Besitz-/Wirtschaftsbürgertum** mit wirtschaftlichem Einfluss, z. B. Industrielle, Unternehmer, Bankiers, Großkaufleute → Aufstieg einflussreicher Familien (z. B. Krupp, Siemens, Thyssen), die sich am **Lebensstil der Adligen** orientieren, in Adelsfamilien einheiraten oder in den Adelsstand erhoben werden → **Großbürgertum** (Oberschicht gemeinsam mit Adel)
  - **Bildungsbürgertum**, u. a. Ärzte, Geistliche, Lehrer, Professoren, höhere Beamte/Angestellte, Ingenieure → zunehmender Bedarf an akademisch qualifizierten Kräften in Verwaltung, Wirtschaft, Medizin, Justiz, Bildung und Forschung
  - **Kleinbürgertum**, v. a. Händler, Handwerker, Kaufleute, niederrangige Angestellte/Beamte
- zum Teil deutliche Unterschiede in Lebensniveau, gesellschaftlichem Rang und Einfluss, ABER: Verbindung über eine „**bürgerliche Kultur**":
  - bestimmte Erziehung, **Normen und Werte** (z. B. Bildung, Leistung, Fleiß, Disziplin, Sparsamkeit, Individualität) sowie **Freizeitgestaltung** (z. B. Engagement in politischen, kirchlichen, kulturellen Vereinen)
  - bürgerliches Selbstbewusstsein und Abgrenzung von anderen gesellschaftlichen Gruppen als eine Art „**Mittelstand**" zwischen Adel und Unterschichten
- im Verlauf des 19. Jahrhunderts zunehmender **(wirtschafts)politischer Einfluss:**
  - vor 1871 oftmals Unterstützung der liberalen und nationalen Bewegung, Einforderung von mehr politischer Partizipation (z. B. während der Revolution von 1848/49); ABER: Teile des (Groß-)Bürgertums später konservative Stützen des Kaiserreichs
  - Engagement in **Parteien**, **Vereinen** und Gesellschaften; Gründung von **Arbeitgeberverbänden**, die die Interessen der Unternehmer gegenüber den Gewerkschaften vertreten

## Die Entstehung der Industriearbeiterschaft

- Industriearbeiterschaft als uneinheitliche gesellschaftliche Schicht, da unterschiedliche Stellung im Wirtschaftsgefüge und zum Teil eigene Lebensweisen → Unterschiede durch:
  - **Ausbildung** (ausgebildete Facharbeiter, ungelernte Hilfsarbeiter) und Höhe der **Entlohnung**
  - **Branche**, Art der **Tätigkeit** und des **Arbeitsplatzes** (Fabrik, kleiner Betrieb, Heimarbeit)
  - **soziale und regionale Herkunft** (Migration), **konfessionellen Hintergrund**, Prägungen durch vorherige Beschäftigung (frühere Handwerker, Bauern, Landarbeiter)
  - **Alter** und **Geschlecht** (viel Frauen- und sogar Kinderarbeit, da notwendig für die Existenzsicherung, ABER: weniger Lohn, oft Tätigkeiten ohne besondere Ausbildung)
- dennoch viele Gemeinsamkeiten, v. a. harte Arbeits- und Lebensbedingungen, starke Abhängigkeiten, Armut, ähnliche Lebenswelt → **Arbeitermilieu**, Ausbildung eines **proletarischen Klassenbewusstseins** und einer gewissen **Arbeitersolidarität**
- im Laufe des 19. Jahrhunderts wiederholt prekäre Lage der Unterschichten:
  - **Pauperismus** (v. a. 1840er-Jahre) : starke Verarmung der Unterschichten aufgrund von Bevölkerungswachstum, unzureichender Versorgungslage, negativen Folgen der Gewerbe-/Agrarreformen sowie Wegfall sozialer Sicherheitsnetze der Ständegesellschaft → Freisetzung von Arbeitskräften für die Industrialisierung
  - **Soziale Frage** (zweite Hälfte des 19. Jahrhunderts): Bezeichnung für die schwierigen bis katastrophalen **Arbeits- und Lebensbedingungen der Industriearbeiterschaft** und die damit verbundenen Missstände, die sich zu einer immer dringlicheren politischen Frage entwickeln

**Auf einen Blick**

## Die Lage der Arbeiterschaft

### Arbeits-bedingungen

- Unterwerfung unter Arbeits-rhythmus und Arbeitstempo der Maschinen
- inhumane, lange Arbeitszeiten
- Lärm, Schmutz, Licht- und Luftmangel
- geringer Arbeitsschutz, viele Unfälle
- niedriges Lohnniveau
- Frauen- und Kinderarbeit
- strenge Arbeitsdisziplin
- keine betriebliche Mitsprache

### Lebens-bedingungen

- „Landflucht" und soziale Segregation in den Städten → Entstehung von Elendsquartieren
- katastrophale Wohnbedingungen in Miets-kasernen mit schlechten Hygieneverhältnissen
- Verbesserung durch Ausbau der städtischen Infrastruktur: Straßennetz; Kanalisation und Kläranlagen; Wasser-, Gas- und Strom-versorgung
- Herausforderungen des Großstadt-lebens und der modernen Stadtkultur (Urbani-sierung)

## Lebensbedingungen der Arbeiterschaft

- **„Landflucht"** von Kleinbauern und Handwerkern: **Binnenwanderung** in städtische Industrie-zentren (v. a. Mittel- und Südwestdeutschland, Großraum Berlin, Ruhrgebiet)
- **soziale Segregation** in den Städten:
  - je eigene Wohngebiete der wohlhabenderen und ärmeren Bevölkerungsschichten, unter-schiedliche Wohnqualität
  - Entstehung dicht mit Mietshäusern bebauter **Stadtviertel in Fabriknähe**, um möglichst viele Arbeiter unterzubringen („Mietskasernen")
- **katastrophale Wohnbedingungen** in den „**Mietskasernen**" der Arbeiterschaft:
  - Zusammenleben auf engstem Raum mit oft nur einem Zimmer für die ganze Familie
  - „**Schlafgänger**" als Untermieter, die ein Bett im Schichtbetrieb nutzen
  - häufig kein fließendes Wasser und keine Toiletten, unzureichende Beheizung, feuchte und schimmelige Räume, fehlende Kanalisation → **katastrophale hygienische Verhältnisse**, Ausbreitung von Seuchen wie Cholera und Typhus
  - Verbesserungen durch **Ausbau von Kanalisation, Wasser- und Stromversorgung**
- durch Ausbau des **öffentlichen Nahverkehrs** und Verbreitung des Fahrrads zunehmend Mög-lichkeit, bessere Lebensbedingungen etwas weiter vom Arbeitsplatz entfernt zu suchen
- **Urbanisierung:** Ausbildung einer **Konsumgesellschaft** und einer **modernen Stadtkultur** in wachsenden städtischen Zentren → mehr Angebote auch für die Arbeiterschaft, ABER: Heraus-forderung durch zunehmende Mobilität, Schnelligkeit und Komplexität des Lebens

## Arbeitsbedingungen der Arbeiterschaft

- anstrengende, oft **gefährliche Arbeit** in den Fabriken:
  - Produktionsprozess nicht mehr von äußeren Faktoren abhängig (Wetter, Klima, Jahreszeit, Tageslicht), sondern nach **rationalen Gesichtspunkten** organisiert → hohes Arbeitstempo, Unterwerfung unter den Rhythmus der Maschinen (z. B. monotone Fließbandarbeit), enormer Produktionsdruck
  - sehr **lange Arbeitszeiten** von 15 Stunden und mehr (auch Sonntags- und Nachtarbeit), in den 1870er-Jahren **Senkung der Arbeitszeit** auf ca. 10 Stunden
  - kaum Sicherheitsvorkehrungen (keine gesetzliche Verpflichtung der Betriebe zur Schaffung von Arbeitsschutzmaßnahmen) → **hohe Unfallgefahr** (v. a. für ungelernte Kräfte)
  - **gesundheitsgefährdendes Arbeitsumfeld** (Lärm, Hitze, Schmutz, Abgase, Staub, schlechte Beleuchtung und Belüftung) → Zunahme berufsbedingter Krankheiten (z. B. chronische Erkrankungen der Lunge, Entzündung der Augen)
  - **strenge Arbeitsdisziplin:** Betriebsordnungen mit Regelung von Arbeitszeit, -ablauf, -verhalten; Abhängigkeit von den Forderungen des Unternehmers → harte Bestrafung bei Verstößen
- **abhängige Lohnarbeit:**
  - Überangebot an Arbeitskräften (v. a. ohne Ausbildung) → **niedrige Löhne**, die oft nicht zur Ernährung der Familie ausreichen (oft schlechter bezahlte **Frauen- und Kinderarbeit**)
  - keine Arbeitsplatzgarantie; schneller Arbeitsplatzverlust, z. B. bei Veränderung der Marktlage (v. a. bei wirtschaftlicher Depression) oder bei Verstößen gegen Betriebsordnungen
- **kaum soziale Sicherheit:**
  - Wegfall früherer **sozialer Auffangnetze der Ständegesellschaft** (Großfamilie, Zunft, Dorfgemeinschaft) → keine Absicherung im Falle von Krankheit, Unfällen, Invalidität und Arbeitslosigkeit, keine Altersvorsorge
  - erste staatliche Ansätze zur Absicherung der Arbeiterschaft durch **Bismarcks Sozialpolitik** in den 1880er-Jahren
- geringe Partizipationsmöglichkeiten, um Verbesserung der Arbeitsbedingungen einzufordern:
  - **fehlende Mitspracherechte** der Arbeiterschaft im Betrieb
  - **eingeschränkte politische Mitbestimmung** wegen Dreiklassenwahlrecht (= Zensuswahlrecht, z. B. in Preußen bis 1918) und fehlendem Frauenwahlrecht (erst 1918/19 verwirklicht)
  - anfangs **keine eigene Partei**, die für die Belange der Arbeiterschaft eintritt; später Bekämpfung der **aufstrebenden Sozialdemokratie** durch Bismarcks „Sozialistengesetz"
  - ab den 1860er-Jahren zwar schrittweise Aufhebung des Streik- und Koalitionsverbots, ABER: Verhinderung von Streiks durch Drohung von Unternehmern mit Verlust des Arbeitsplatzes

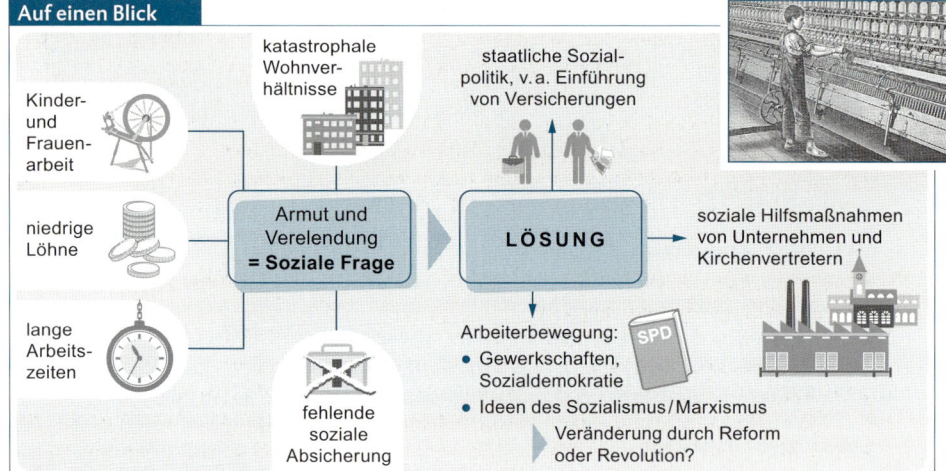

**Auf einen Blick**

Kinder- und Frauenarbeit · niedrige Löhne · lange Arbeitszeiten · katastrophale Wohnverhältnisse · fehlende soziale Absicherung → **Armut und Verelendung = Soziale Frage** → **LÖSUNG**

staatliche Sozialpolitik, v. a. Einführung von Versicherungen

soziale Hilfsmaßnahmen von Unternehmen und Kirchenvertretern

Arbeiterbewegung:
- Gewerkschaften, Sozialdemokratie
- Ideen des Sozialismus/Marxismus
  Veränderung durch Reform oder Revolution?

## Engagement von Unternehmern

- Versuche einzelner Unternehmer, die Lage ihrer eigenen Arbeiter zu verbessern, z. B. **Friedrich Harkort, Ernst Abbe, Robert Bosch, Alfred Krupp** → unterschiedliche **Motive:**
  – Konfrontation mit den Problemen der Arbeiterschaft im eigenen Unternehmen → **patriarchalische Fürsorgepflicht** und **ethische Verantwortung**
  – **ökonomisches Kalkül:** Bindung der Arbeitskräfte an den Betrieb, Erwartung von Loyalität und erhöhtem Arbeitseinsatz
  – **politisch-soziale Kontrolle:** Fernhalten der Arbeiter von sozialistischen Ideen und vom Engagement in Gewerkschaften und sozialdemokratischen Parteien und Vereinen
- Bau von Wohnhäusern, Schulen und Geschäften **(günstige Mieten und Preise)**; Freizeitangebote; **Betriebskrankenkassen** und **Betriebsrenten**; kürzere Arbeitszeiten; Gewinnbeteiligung

## Kirchliche Lösungsansätze

- Initiativen einzelner Vertreter aus **christlicher Nächstenliebe**
- **kirchliche Sozialarbeit**, z. B. karitative Einrichtungen (v.a. in Elendsvierteln) der evangelischen „**Inneren Mission**" (Johann Hinrich Wichern), Gründung von katholischen Gesellenvereinen durch Adolph Kolping (**„Kolping-Vereine"**)
- Aufrufe zu **staatlicher Sozialpolitik**, z. B. Forderungen des Mainzer Bischofs Wilhelm Emmanuel von Ketteler (u. a. kürzere Arbeitszeiten, bessere Löhne, Einschränkung von Frauen- und Kinderarbeit) → Vorbild für die **Sozialenzyklika „Rerum Novarum"** von Papst Leo XIII. 1891

## Die Arbeiterbewegung

- **Arbeiterbewegung** = Oberbegriff für die organisierten Bestrebungen der abhängigen Lohnarbeiterschaft, ihre wirtschaftlich-soziale Lage zu verbessern und politischen Einfluss zu erlangen
- anfangs kaum Mitsprache, große Armut, harte Arbeit → Einsicht, dass man selbst für Verbesserungen kämpfen müssen → Entwicklung eines **proletarischen Klassenbewusstseins**

- starke Beeinflussung durch den **Sozialismus**, besonders die **Lehre des Marxismus** nach Karl Marx und Friedrich Engels (u. a. „Manifest der Kommunistischen Partei" von 1848):
  - **Ausbeutung** der arbeitenden Bevölkerung durch eine herrschende Schicht, die die **Produktionsmittel** besitzt → Klassenkampf zwischen **Proletariat** und **Bourgeoisie**
  - proletarische Revolution: Vergemeinschaftung der Produktionsmittel, Ende der Ausbeutung, „**Diktatur des Proletariats**" und **Sozialismus** als Basis für klassenlose Gesellschaft
- Entwicklung zweier Richtungen mit unterschiedlichen Zielen: gewaltsamer Umsturz durch eine **Revolution** ↔ friedlicher Wandel durch politische **Reformen** (Revisionismus)

## Die Anfänge der Sozialdemokratie

- 1863: Gründung des **Allgemeinen Deutschen Arbeitervereins** (ADAV) in Leipzig durch Ferdinand Lassalle (reformorientiert)
- 1869: Gründung der **Sozialdemokratischen Arbeiterpartei** (SDAP) in Eisenach durch Wilhelm Liebknecht und August Bebel (marxistisch-revolutionär orientiert)
- 1875: Vereinigung von ADAV und SDAP zur **Sozialistischen Arbeiterpartei** (SAP) mit Kompromiss zwischen reformorientierten und revolutionären Grundsätzen **(Gothaer Programm)**
- 1878–1890: von Reichskanzler Otto von Bismarck vorangetriebene **Sozialistenverfolgung:**
  - „**Sozialistengesetz**" → Sozialdemokraten und Sozialisten als „**Reichsfeinde**": Verbot sozialistischer Vereine, Versammlungen, Druckschriften; Teilnahme an Wahlen weiter möglich
  - ABER: keine Schwächung der Arbeiterbewegung → **Wahlerfolge** für die SPD (1890 stärkste Partei, 1912 größte Fraktion), starker **Zusammenhalt**, Entfremdung von der Reichsregierung
- 1890: Umbenennung der SAP in **Sozialdemokratische Partei Deutschlands** (SPD) → Erfurter Programm 1891: revolutionär-marxistisch, aber in der Praxis zunehmend Einsatz für Reformen

## Genossenschaften und Gewerkschaften

- genossenschaftliche **Grundprinzipien**: Selbsthilfe, Selbstverantwortung, Selbstverwaltung:
  - **Einkaufs-/Verkaufsgenossenschaften und Konsumvereine:** niedrige Preise und Rabatte (Ausschaltung des Zwischenhandels, Rückzahlung eventueller Gewinne)
  - **Spar- und Darlehenskassen** für Landwirte und Handwerker
- ab 1865: Gründung von **Gewerkschaften** als wirtschaftlich-soziale Interessenvertretung:
  - „**Freie Gewerkschaften**" (sozialistisch), „**Hirsch-Duncker'sche Gewerkvereine**" (liberal-bürgerlich, reformerisch), „**Christliche Gewerkschaften**"
  - Verhandlungen mit Unternehmern, Durchführung von **Streiks als Druckmittel** → Ziele: höhere Löhne, Arbeitsschutzgesetze, garantierte Koalitionsfreiheit

## Staatliche Sozialpolitik

- ab 1839: frühe Schutzbestimmungen zur Einschränkung von Kinder-/Jugendarbeit, ABER: Scheitern weitergehender Forderungen an liberaler Auffassung von passivem „**Nachtwächterstaat**"
- ab 1878: Bismarcks (gescheiterte) **Doppelstrategie** zur Schwächung der Arbeiterschaft → neben **Sozialistenverfolgung** Entscheidung für **aktive Sozialpolitik** („Zuckerbrot und Peitsche") → Einführung des weltweit ersten **staatlichen Versicherungssystems:**
  - gewisse **soziale Absicherung** durch Kranken- (1883), Unfall- (1884), Alters- und Invaliditätsversicherung (1889) → 1911: Zusammenfassung in der Reichsversicherungsordnung
  - **Verteilung der Kosten** auf Arbeitnehmer und Arbeitgeber (Ausnahme: Unfallversicherung komplett vom Unternehmer gezahlt), z. T. staatliche Zuschüsse
- ab 1890: weitere **Schutzmaßnahmen**, u. a. Verbot von Fabrikarbeit für Kinder unter 13 Jahren

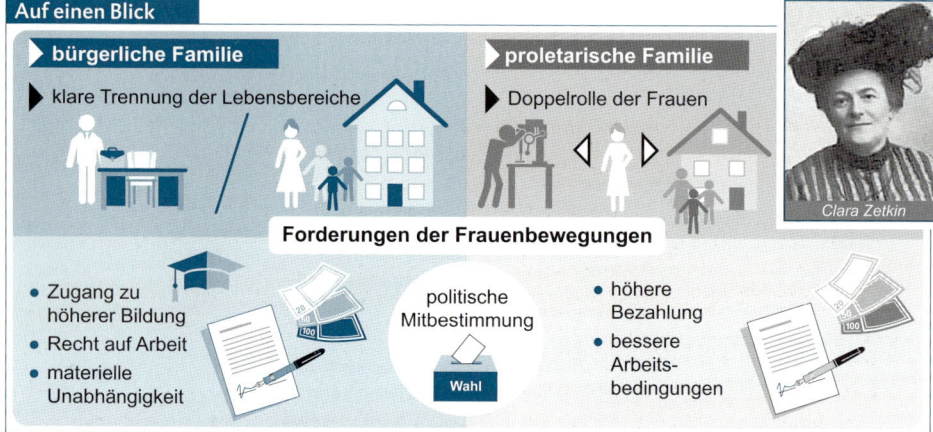

**Auf einen Blick**

**▶ bürgerliche Familie**

▶ klare Trennung der Lebensbereiche

**▶ proletarische Familie**

▶ Doppelrolle der Frauen

*Clara Zetkin*

**Forderungen der Frauenbewegungen**

- Zugang zu höherer Bildung
- Recht auf Arbeit
- materielle Unabhängigkeit

politische Mitbestimmung

**Wahl**

- höhere Bezahlung
- bessere Arbeitsbedingungen

## Wandel der Familienbilder

- Hintergrund: Familienleben in der vorindustriellen **Ständegesellschaft:**
  - Prinzip des **„Ganzen Hauses"**: bei Großteil der Bevölkerung (v. a. Handwerkern, Bauern) keine räumliche Trennung von Wohn- und Arbeitsstätte bzw. Privat- und Arbeitsleben
  - Mehr-Generationen-Familie, die gemeinsam lebt <u>und</u> arbeitet, erweitert durch Dienstboten (Mägde, Knechte), Gesellen, Lehrlinge; auch Frauen und Kinder fest in Arbeitsprozesse eingebunden → **Familie = Produktionsgemeinschaft**
  - **Heiratsbeschränkungen** durch Regelungen der Ständegesellschaft, u. a. Zunftwesen mit Vorgaben zur Wahl des Ehepartners, Zustimmung des Grundherrn zur Hochzeit erforderlich
- im 19. Jahrhundert starke Veränderung dieses Familienbilds, zunächst durch den **Aufstieg des Bürgertums**, dann durch die **Industrialisierung** und die **Herausbildung der Arbeiterschaft:**
  - immer stärkere Trennung von Wohnung und Arbeitsplatz (z. B. Fabrik, Büro, Handwerksaufträge außer Haus) → **Familie = Schauplatz des Privatlebens**
  - ABER: Unterschiede nach sozialer und regionaler Herkunft, z. B. traditionelle Arbeits- und Familienstrukturen länger bei Bauern und Handwerkern sowie auf dem Land vorhanden

### Die bürgerliche Familie

- **Idealvorstellung** von der Familie, die ihren Ursprung in der Aufklärung und im Bildungsbürgertum des 18. Jahrhunderts hat und sich im 19. Jahrhundert weiter verbreitet → **harmonisches,** durch Gefühle und Nähe gestaltetes **Familienleben**, privater Raum als **Rückzugsort**
- Beziehungsideale: **romantische Liebe und Gefühle** statt arrangierter Vernunftheirat; getrennte Aufgaben und Lebensbereiche aufgrund „natürlicher" Unterschiede zwischen Mann und Frau:
  - Rolle des Mannes: **Familienoberhaupt und Versorger/Ernährer**, der auswärts arbeitet und sich in Politik/Gesellschaft engagiert
  - Rolle der Frau: **Haushalt** (ggf. mit Personal) und **Kindererziehung**, Unterordnung unter den Ehemann, mit der Heirat ggf. Aufgabe früherer Berufstätigkeit (z. B. Lehrerinnen, Verkäuferinnen), ABER: oft Engagement im kulturellen Bereich und Interesse für Bildung
- Erziehungsideale: Vermittlung von **Bildung** (u. a. Literatur, Musik) und von **bürgerlichen und religiösen Werten** (Disziplin, Fleiß, Selbstständigkeit, Sauberkeit, gute Manieren, Respekt)

### Die proletarische Familie

- bürgerliches Familienbild als erstrebenswertes Ideal, aber **keine Realität in der breiten Arbeiterschaft** aufgrund anderer Lebens- und Arbeitsumstände (Ausnahme: besser verdienende Facharbeiter)
- Gehalt des Mannes meist nicht ausreichend → **Frauen und Kinder** in Fabriken, fremden Haushalten oder Heimarbeit tätig, ABER: **Mann = Familienoberhaupt und Haupternährer**
- doppelte Aufgabe proletarischer Frauen: **Beruf** sowie **Haushalt** und **Kindererziehung**
- Begrenzung der zusammenlebenden Familie meist auf **zwei Generationen** (Eltern, Kinder), ABER: oft Untermieter und „Schlafgänger" → **wenig Intimität und Privatsphäre**
- **schwierige Lebensbedingungen:** Wohnen auf engstem Raum, schlechte Hygieneverhältnisse, nicht selten häusliche Gewalt, wenig Zeit für die Kinder durch lange Arbeitszeiten

## Die Anfänge der Frauenbewegung

- politische, gesellschaftliche und wirtschaftliche **Ungleichbehandlung von Frauen**, u. a. rechtliche Unterordnung unter den Ehemann und materielle Abhängigkeit, kein Wahlrecht (erst 1918/19), keine Mitgliedschaft in Parteien (erst 1908), weniger Bildungs-/Berufschancen, bei Berufstätigkeit geringere Löhne
- im Laufe des 19. Jahrhunderts: Entstehung der **Frauenbewegung** mit verschiedenen Ausrichtungen, um gesellschaftliche Lage von Frauen zu verbessern → Gründung zahlreicher Vereine, Publikation von Zeitschriften, Erarbeitung von Petitionen, Hilfs- und Bildungsangebote

### Die bürgerliche Frauenbewegung

- 1865: Gründung des **Allgemeinen Deutschen Frauenvereins** (ADF) in Leipzig = erster Frauenverein Deutschlands → 1894: **Bund Deutscher Frauenvereine** (BDF) als Dachverband, ABER: Spannungen zwischen konservativ und reformerisch gesinnten Vertreterinnen
- wichtige Vertreterinnen: Louise Otto-Peters, Auguste Schmidt, Anita Augspurg, Helene Lange
- Hauptziele:
  - **politisch-rechtliche Gleichstellung**, ABER: interne Debatten über Frauenwahlrecht, keine umfassende Infragestellung von bürgerlichem Familienideal und Gesellschaftsordnung
  - gleichberechtigter Zugang zu **Bildung** auch an weiterführenden Schulen (Gymnasium) und Universitäten → Teilerfolge: um 1900 erste Abiturientinnen und Studentinnen
  - **Recht auf Arbeit**, mehr Erwerbsmöglichkeiten → materielle Unabhängigkeit von Frauen

### Die proletarische Frauenbewegung

- an der **Sozialdemokratie**, den Gewerkschaften und der **internationalen Arbeiterbewegung** orientierte Frauenbewegung (keine Mitgliedschaft im BDF); zentrale Vertreterin: **Clara Zetkin**
- Einsatz für Frauen und Kampf gegen die Bourgeoisie, da **doppelte Unterdrückung** proletarischer Frauen durch Geschlecht und Klasse (August Bebel: „Die Frau und der Sozialismus")
- Hauptziele:
  - **politisch-rechtliche Gleichberechtigung**, Frauenwahlrecht (von der SPD als einziger Partei gefordert), **revolutionäre Umgestaltung** der Gesellschaft (da Frauen im Kapitalismus zu sehr von ihren Männern abhängig)
  - **Verbesserungen der harten Arbeitsbedingungen** der oft schon berufstätigen Frauen: bessere Löhne, kürzere Arbeitszeiten und Mutterschutz → Teilerfolge, z. B. erstes Arbeiterinnenschutzgesetz 1891

**Auf einen Blick**

moderne **Stadtkultur** mit Konsum- und Freizeitmöglichkeiten

mehr **Mobilität** und **Lebens- qualität**

**Politisierung**
- Entstehung von Massenorganisationen
- Aufschwung der Presse

**STREIK**

**Verstädterung und**

**Urbanisierung**

**soziale Segregation** = Trennung der sozialen Schichten und Lebenswelten

**Migration** v. a. „Landflucht" und Binnenwanderung in Städte

**Migration im 19. Jahrhundert**

- verschiedene Ursachen für **Migration:**
  - meist **wirtschaftlich-soziale** Gründe: Suche nach Arbeit, Hoffnung auf ein besseres Leben
  - **politische** (z. B. Flucht nach der Revolution von 1848/49), **religiöse** oder weitere Motive
  - Zusammenspiel aus **Push-** (Gründe für Auswanderung im Heimatland) **und Pull-Faktoren** (Anziehungskraft des Ziellandes)
- **Binnenmigration** innerhalb eines Staats/einer Region:
  - Pauperismus-Krise und „Take-off"-Phase: Suche nach Arbeit in der **aufstrebenden Industrie**
  - **„Landflucht":** Umzug vom Land in (Groß-)Städte und Industriegebiete (v. a. Mittel-/Südwest- deutschland, Großraum Berlin, Ruhrgebiet)
- **Auswanderung:** Abwanderung Millionen Deutscher (v. a. in die wirtschaftlich aufsteigenden **USA**), ABER: sinkende Auswandererzahlen mit zunehmender Wirtschaftskraft Deutschlands
- **Zuwanderung:** Anziehungskraft der deutschen Wirtschaft v. a. während der Hochindustriali- sierung, zudem freie saisonale Arbeitsplätze in der Landwirtschaft aufgrund von **„Landflucht"** → Entwicklung Deutschlands vom Auswanderer- zum **Einwandererland:**
  - Zuzug **ausländischer Arbeitskräfte,** u. a. Polen, Niederländer, Italiener, Russen, osteuropäi- sche Juden (v. a. aufgrund von Judenpogromen)
  - oft Zusammenleben in **eigenen Stadtvierteln = Migrantenkolonien** → Pflege der gemein- samen Sprache, Religion und Kultur; z. T. starke **Integrationsprobleme**
  - Beispiel: **polnische Arbeitskräfte** an Rhein und Ruhr, v. a. im Bergbau (**„Ruhrpolen"**): Pflege der polnischen Kultur und katholischen Religion (u. a. eigene Vereine) → polnisches National- bewusstsein, ruhrpolnische Identität → großes **Misstrauen** der Obrigkeit („Ruhrpolen" als „Reichsfeinde"), Wahrnehmung der „Ruhrpolen" als **Konkurrenz** für deutsche Arbeiter

## Verstädterung und Urbanisierung

- Folgen von **Binnenwanderung und „Landflucht"**:
  - **Verstädterung:** flächenmäßige Ausdehnung der Städte (Entstehung von Großstädten), starke Zunahme der Einwohnerzahl
  - **Urbanisierung:** Entstehung einer **modernen Stadtkultur** mit öffentlichem Nahverkehr, Kultur- und Freizeitangeboten
  - Veränderung der **Gesellschafts- und Familienstruktur**
- **soziale Segregation** von materiell besser und schlechter gestellten Bevölkerungsschichten → Entstehung von **Stadtvierteln** mit unterschiedlicher Wohnqualität → Prägung bestimmter **Lebensweisen** und **Wertvorstellungen**
- Schaffung einer **städtischen Infrastruktur** und Erhöhung der Lebensqualität:
  - Auf-/Ausbau von **Straßennetz** (mit Straßenbeleuchtung) und öffentlichem Nahverkehr (Pferde-Straßenbahnen, „Elektrische") → zunehmende **Mobilität und Beschleunigung** des Lebens
  - Bau von **Kanalisation und Kläranlagen**, Organisation von Straßenreinigung und Müllabfuhr → große Verbesserung der sanitären und hygienischen Verhältnisse
  - flächendeckende **Versorgung mit Wasser, Gas und Strom**
  - Bau von Schulen, Universitäten, Polizeistationen und sozialen Einrichtungen (Armen-, Krankenhäuser)
  - Ausbau der **kulturellen Infrastruktur** (Theater, Opernhäuser, Bibliotheken)

## Politik, Kultur und Gesellschaft

- viele **neue Möglichkeiten** für den Einzelnen (Arbeit, Mobilität, Bildung, Freizeit), ABER: auch Überforderung der Menschen durch Beschleunigung und Dynamik, Sitten- und Traditionsverfall **(Modernisierungskrise)**
- zunehmende Regelung der Arbeitszeiten → mehr Zeit für **Freizeitaktivitäten** und Nutzung der neuen **Massenkultur:** Kinos (Stummfilm), Tanzlokale, Sportveranstaltungen (z. B. Boxen, Fußball, Radfahren), ABER: kostspielige Aktivitäten (z. B. Reisen) nur Vermögenden möglich
- **Anfänge einer Konsumgesellschaft** (z. B. riesige Warenhäuser wie Wertheim und KaDeWe in Berlin) → zunehmende Bedeutung **materieller Werte**
- **kulturelle Kluft:** in Kleinstädten und auf dem Land längere Aufrechterhaltung traditioneller Werte, **Antimodernismus**, Verstärkung irrationaler Denkweisen (z. B. Antisemitismus)
- **Politisierung:** gesteigertes politisches Interesse und **Engagement** in breiteren Schichten, Ausbau des **Pressewesens** (technische Innovationen, mehr Leser durch besseres Bildungswesen), Ausweitung organisierter Wahlkämpfe der Parteien (z. B. bei Reichstagswahlen)
- Entstehung von **Massenorganisationen** zur politisch-wirtschaftlichen Interessenvertretung:
  - Parteien und Vereine der **Arbeiterbewegung** als Vorreiter
  - Organisationen der bürgerlichen und proletarischen **Frauenbewegung**
  - weitere **Interessenverbände** wie Bund der Landwirte, Centralverband Deutscher Industrieller, Deutscher Flottenverein, Deutsche Turnerschaft, Kyffhäuser Bund der Deutschen Landeskriegerverbände

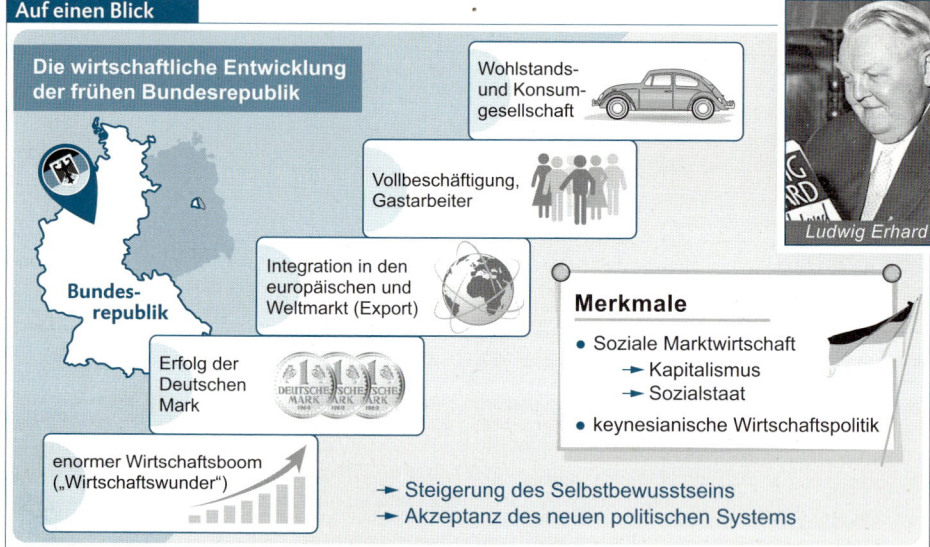

**Auf einen Blick**

Die wirtschaftliche Entwicklung der frühen Bundesrepublik

Wohlstands- und Konsum- gesellschaft

Vollbeschäftigung, Gastarbeiter

Integration in den europäischen und Weltmarkt (Export)

**Bundes- republik**

Erfolg der Deutschen Mark

enormer Wirtschaftsboom ("Wirtschaftswunder")

*Ludwig Erhard*

**Merkmale**

- Soziale Marktwirtschaft
  - Kapitalismus
  - Sozialstaat
- keynesianische Wirtschaftspolitik

→ Steigerung des Selbstbewusstseins
→ Akzeptanz des neuen politischen Systems

## Merkmale der westdeutschen Wirtschaftsordnung

- **Soziale Marktwirtschaft:**
  - **freie, kapitalistische Marktwirtschaft** (Privateigentum, Wettbewerb, Marktregulierung über Angebot und Nachfrage) mit **sozialstaatlichen Komponenten** → Ausgleich sozialer Nachteile zur Schaffung **sozialer Gerechtigkeit**
  - **"Dritter Weg"** zwischen Kapitalismus und Sozialismus
  - eng mit dem ersten westdeutschen Wirtschaftsminister **Ludwig Erhard** verbunden (**"Wohlstand für alle"**)
- **Sozialstaat:**
  - Staat, der für sozialen Ausgleich und Absicherung (Alter, Krankheit, Unfall, Armut) sorgt
  - im **Grundgesetz** (Art. 20) als Strukturprinzip verankert
- frühe Bundesrepublik: Einfluss des **Keynesianismus** (1967 im Stabilitätsgesetz verankert)
  - wirtschaftspolitisches Konzept mit gesamtwirtschaftlicher **Nachfrage** als entscheidender Größe für die wirtschaftliche Entwicklung
  - im Krisenfall **aktive Rolle des Staats**, um die Nachfrage zu erhöhen und die Konjunktur zu stärken → staatliche Investitionen, Entlastung privater Haushalte (z. B. Steuersenkungen, höhere Sozialleistungen) → ABER: vorübergehend zusätzliche Verschuldung
  - in den 1970er-/1980er-Jahre abgelöst durch den angebotsorientierten **Neoliberalismus**

## Das westdeutsche „Wirtschaftswunder"

- Ausgangslage 1945: Versorgungskrise, Rationierung von Lebensmitteln, Schwarzmarkt
- ab der Staatsgründung 1949: starker **Aufschwung** mit enormem Wirtschaftswachstum → Stärkung des nach der Kriegsniederlage geringen Selbstbewusstseins, **Akzeptanz des neuen politischen Systems**

- verschiedene Gründe für den westdeutschen **Wirtschaftsboom** und das oft als **Mythos** verklärte „**Wirtschaftswunder**" der 1950er-/1960er Jahre:
  - Industrie und Infrastruktur nicht so stark zerstört wie gedacht; Aufbau **moderner Produktionsstätten** anstelle veralteter, von den Siegermächten demontierter Anlagen
  - ab 1947/48: finanziell-materielle Starthilfe durch den US-amerikanischen **Marshallplan** (wirtschaftliche Bedeutung umstritten, aber große psychologische Wirkung), Vernetzung durch die **Organisation für europäische wirtschaftliche Zusammenarbeit** (OEEC)
  - 1948: **Währungsreform** in den drei Westzonen → Einführung der **Deutschen Mark** (DM): Neubeginn mit Währungsstabilität
  - viel Arbeitskraft, Fleiß und Know-how durch Millionen **Flüchtlinge und Vertriebene** aus den ehemaligen deutschen Ostgebieten und der SBZ/DDR
  - „**Korea-Boom**": infolge des Koreakriegs (1950–1953) steigende Nachfrage nach westdeutschen Produkten, da Konzentration westlicher Länder (v. a. USA) auf die Rüstung → Integration der westdeutschen Wirtschaft in die **Weltwirtschaft**
  - Beginn der **wirtschaftlichen Integration Westeuropas**: Europäische Gemeinschaft für Kohle und Stahl (EGKS, 1951), Europäische Wirtschaftsgemeinschaft (EWG, 1957) → enge Zusammenarbeit mit Italien, Frankreich, Belgien, Luxemburg und den Niederlanden
  - „Wirtschaftswunder" als Teil eines **allgemeinen Aufschwungs im Westen** nach dem Zweiten Weltkrieg → „**Goldenes Zeitalter**"
- sinkende Arbeitslosenzahlen bis hin zu quasi **Vollbeschäftigung** und aktiver Anwerbung von **Gastarbeitern**, u. a. aus Italien, Spanien, Portugal, Griechenland und der Türkei
- **Wachstumsbranchen:** Automobil- und Maschinenbau, Chemie und Pharmazie
- Entwicklung einer **Wohlstands- und Konsumgesellschaft** mit hohem Lebensstandard:
  - steigende Einkommen → Nutzung neuer **Konsummöglichkeiten:** teure Lebensmittel, Luxusartikel wie PKWs (z. B. VW-Käfer) und Fernseher
  - Fünftagewoche, kürzere Arbeitszeiten → mehr **Freizeit**, **Urlaub** im In- und Ausland
- Entstehung der **nivellierten Mittelstandsgesellschaft** (ABER: Begriff umstritten):
  - zunehmende **Angleichung** von Lebensstilen (z. B. Wohnen), Konsum- und Freizeitverhalten
  - **kleinbürgerlich-mittelständischer Charakter** der Gesellschaft, da steigende Bedeutung der Mittelschicht in den 1950er-Jahren
- ABER: auch viele Leute **ohne Anteil** am Wirtschaftsboom und Konsum → ungleiche Lohn- und Wohlstandsverteilung

## Ausbau des Sozialstaats

- steigende Staatseinnahmen → Spielraum für **Ausbau des Sozialstaats**
- verschiedene Maßnahmen, die zunächst v. a. **Kriegsfolgen** abfedern sollen:
  - **Wohnungsbaugesetze:** staatliche Unterstützung für Millionen neuer Wohnungen
  - Entschädigungen für **Kriegsopfer**, darunter **Lastenausgleichsgesetz** von 1952 zur Unterstützung der vielen Flüchtlinge und Vertriebenen
  - 1954: Einführung des **Kindergeldes** (zunächst ab dem dritten Kind)
  - Weiterentwicklung der **Sozialversicherungen**, v. a. Rentenreform 1957: „**Generationenvertrag**" in Verbindung mit „**dynamischer Rente**" → Teilhabe von Rentnern am Wohlstand durch Kopplung der Renten an das Bruttosozialprodukt

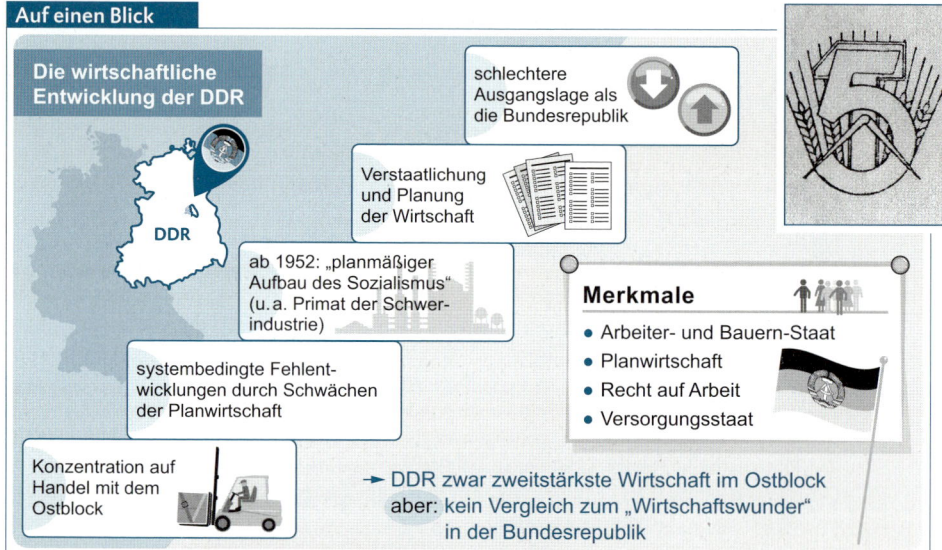

**Auf einen Blick**

**Die wirtschaftliche Entwicklung der DDR**

schlechtere Ausgangslage als die Bundesrepublik

Verstaatlichung und Planung der Wirtschaft

DDR

ab 1952: „planmäßiger Aufbau des Sozialismus" (u. a. Primat der Schwerindustrie)

systembedingte Fehlentwicklungen durch Schwächen der Planwirtschaft

Konzentration auf Handel mit dem Ostblock

**Merkmale**
- Arbeiter- und Bauern-Staat
- Planwirtschaft
- Recht auf Arbeit
- Versorgungsstaat

➞ DDR zwar zweitstärkste Wirtschaft im Ostblock aber: kein Vergleich zum „Wirtschaftswunder" in der Bundesrepublik

## Merkmale der ostdeutschen Wirtschaftsordnung

- Selbstverständnis der Deutschen Demokratischen Republik (DDR) als **Arbeiter- und Bauern-Staat** mit **Zentralverwaltungs- bzw. Planwirtschaft:**
  - **zentrale staatliche Planung und Lenkung der Wirtschaft** (u. a. durch die Staatliche Plankommission): Zuteilung von Ressourcen an Branchen und Betriebe; Festlegung von Produktionsmengen, Arbeitsnormen, Löhnen, Preisen, Aus-/Weiterbildung
  - Festlegung von **Fünf- bzw. Siebenjahr(es)plänen** (1951–1955: erster Fünfjahresplan), die in der Regel zu ehrgeizig und schlecht koordiniert sind
  - trotz Staatssozialismus noch gewisse **privatwirtschaftliche Strukturen** in Handwerk und Landwirtschaft (kleine Betriebe)
  - **keine Tarifautonomie und keine freien Gewerkschaften**, die über Löhne und Arbeitsbedingungen verhandeln → nur Freier Deutscher Gewerkschaftsbund **(FDGB)**, der die Arbeiterschaft aber v. a. an die Sozialistische Einheitspartei Deutschlands **(SED)** binden soll
- in der Verfassung festgelegtes **Recht auf Arbeit** und einen Arbeitsplatz, ABER: eingeschränkte Möglichkeiten der Ausbildungs- und Berufswahl (Bedeutung von Systemtreue, SED-Mitgliedschaft), oft ineffiziente Verteilung der Arbeitskräfte
- **Versorgungsstaat:** Anspruch der DDR, die Bürger umfassend und „gleich" zu versorgen, u. a.:
  - niedrige **Mieten** und staatliche Wohnungsbauprogramme
  - Ausbau des **Gesundheits- und Bildungswesens**
  - **preiswerte Nahrungsmittel** und Güter des täglichen Bedarfs (wenn vorhanden)
  - Unterstützung **berufstätiger Mütter**, z. B. durch staatliche Kinderbetreuung
  - ABER: **Privilegien** z. B. für hochrangige Parteimitglieder und „Aushängeschilder" der DDR (z. B. Leistungssportler, „Normübererfüller")

## Die wirtschaftliche Entwicklung der DDR im Ostblock

- **schlechtere Ausgangsvoraussetzungen** als die Bundesrepublik:
  – umfassende **Demontagen** durch die sowjetische Besatzungsmacht, u. a. große Teile der Infrastruktur (Schienenetz, Eisenbahnen); hohe Besatzungskosten
  – bis in die 1950er-Jahre: Zugehörigkeit vieler Fabriken zu **Sowjetischen Aktiengesellschaften** (SAG), die für die UdSSR produzieren
  – keine Teilnahme am **Marshallplan** (Verbot durch die UdSSR, die keine westliche Einflussnahme auf die Staaten des Ostblocks möchte)
- **erste wirtschaftliche Weichenstellungen** in der Sowjetischen Besatzungszone (SBZ), u. a. Verstaatlichung der Schwerindustrie, Gründung erster Volkseigener Betriebe (VEB), Enteignung von Großgrundbesitzern, Bodenreform
- 1952: II. SED-Parteikonferenz mit Verkündung des „**planmäßigen Aufbaus des Sozialismus**" (Generalsekretär Walter Ulbricht) nach sowjetischem Vorbild → erhöhtes Tempo beim Ausbau der **Schwerindustrie** und bei der **Kollektivierung der Landwirtschaft** (Errichtung von Landwirtschaftlichen Produktionsgenossenschaften/LPG)
- **fehlende Flexibilität und Konkurrenzfähigkeit** der Planwirtschaft:
  – Erreichen der quantitativen Ziele auf Kosten der Qualität
  – **kaum Entfaltungsmöglichkeiten** für den Einzelnen, **fehlende Anreize** für Eigeninitiative und Innovationen
  – ständige **Versorgungsprobleme** durch verfehlte Planungen sowie den langjährigen Vorrang der **Schwerindustrie** zulasten der Leicht- und Konsumgüterproduktion
- Einbindung in und starke Konzentration auf Handel und Wirtschaft des **Ostblocks:**
  – starke **Abhängigkeit von Moskau** → regelmäßige Wirtschaftshilfe (z. B. Rohstoffe)
  – Mitgliedschaft im **Rat für gegenseitige Wirtschaftshilfe**
  – kaum Anbindung an den **westlichen Markt** → fehlender Modernisierungsdruck, da keine Konkurrenz auf dem freien Weltmarkt

## Bilanz

- Bedeutung der Wirtschaft im **Ost-West-Systemkonflikt:**
  – **propagandistische Überhöhung** der Planwirtschaft als angeblich der Marktwirtschaft überlegenes Wirtschaftssystem, um die DDR als „**besseres Deutschland**" darzustellen
  – ABER: kein Erfolg bei dem Ziel, die **Bundesrepublik ökonomisch einzuholen** bzw. sogar zu überholen
- „**kleines Wirtschaftswunder**" der DDR im Rahmen der Möglichkeiten und im Vergleich mit anderen sozialistischen Staaten → höheres Wirtschaftswachstum, mehr Kaufkraft und Konsummöglichkeiten → **zweitstärkste Wirtschaftsmacht** des Ostblocks nach der UdSSR
- ABER: DDR-Bürger blicken nach Westen und auf das „**Wirtschaftswunder**" der Bundesrepublik → **Abwanderung/Flucht** gut ausgebildeter Fachkräfte, die der DDR-Wirtschaft fehlen; wirtschaftliche Fehlentwicklungen als ständiger Grund für **Unzufriedenheit**

**Auf einen Blick**

**liberal-demokratische Staaten**

- wichtiges Element für die Ausgestaltung einer pluralistischen Demokratie
- Vernetzung, Vertretung eigener Interessen, Anstöße für Veränderung

POLITISCHER PROTEST

*March on Washington, 1963*

**sozialistische Staaten**

- unerwünscht, da als genereller Widerstand und als Gefahr für das ganze Staatssystem gesehen
- Unterdrückung, Kontrolle, Überwachung → nur begrenzte Möglichkeiten für Protest

**Beispiele:**
- Wiederbewaffnungsdebatte
- 68er-Bewegung
- Neue Soziale Bewegungen

- öffentlich
- meist kollektiv
- in der Regel friedlich
- verschiedene Formen

**Beispiele:**
- DDR: 17. Juni 1953, Bürgerrechtsbewegung, Friedliche Revolution
- Polen: Solidarność
- ČSSR: „Prager Frühling", Charta 77, „Samtene Revolution"

## Was bedeutet politischer Protest?

- politischer Protest = **öffentlicher, meist kollektiver und in der Regel friedlicher Ausdruck von Unzufriedenheit** → Äußerung von Kritik an politischen Maßnahmen, systembedingten Zuständen und gesellschaftlichen Problemen mit dem Ziel, **Veränderungen zu bewirken**
- **verschiedene Formen**, z. B. Teilnahme an Veranstaltungen (z. B. Demonstrationen, Kundgebungen), Unterzeichnung von Petitionen, Engagement in Netzwerken und Organisationen (z. B. Parteien, Bürgerinitiativen)
- in den **liberal-demokratischen** Staaten des **Westens:**
  - Grundlage: **Meinungs-, Versammlungs- und Vereinigungsfreiheit** → politischer Protest als wesentlicher Bestandteil demokratisch-pluralistischer Gesellschaften
  - Möglichkeit, sich mit Gleichgesinnten zu **vernetzen**, eigene Anliegen und Interessen zu kommunizieren, auf Missstände aufmerksam zu machen und Lösungen vorzuschlagen → **Anstoß für Diskussion und Wandel**
- in den **sozialistischen** Staaten des **Ostblocks:**
  - politischer Protest **nicht erwünscht**, da er als **genereller Widerstand** und als grundsätzliche Ablehnung der Staatsordnung gilt und das gesamte Staatssystem und sogar den ganzen Ostblock **destabilisieren** kann
  - Vorgehen gegen jegliche Opposition, **gewaltsame Unterdrückung** von Protesten, **staatliche Kontrolle** der Medien, Verfolgung von Aktivisten, **Überwachung** der Bevölkerung
  - Kritik und oppositionelles Verhalten nur in **begrenztem Umfang**, oft nur **privat** und an halböffentlichen Orten (z. B. innerhalb von Kirchengemeinden) möglich

## Früher Protest in der Bundesrepublik: die Wiederbewaffnungsdebatte

### Auslöser

- Juni 1950: Überfall des kommunistischen Nordkorea auf das westlich orientierte Südkorea → Unterstützung für den Süden durch die Vereinten Nationen (v. a. USA), für den Norden durch China und die UdSSR → **Koreakrieg** (1950–1953) als **Stellvertreterkrieg des Kalten Kriegs**
- allgemeine Reaktion im Westen: große **Furcht vor einem weiteren Weltkrieg**, starke **Antipathie gegen den Kommunismus** (z. B. Kommunistenfurcht der McCarthy-Ära in den USA)
- besonders große Furcht in den zwei deutschen Staaaten, da **Deutschland** wie Korea zwischen Ostblock und westlicher Welt **geteilt** ist

### Verlauf und Positionen

- in der Bundesrepublik hitzige innen- und außenpolitische Debatte um einen **Wehrbeitrag** und die **Wiederbewaffnung der jungen Bundesrepublik** zur militärischen Stärkung und ggf. Verteidigung Westeuropas sowie zur Abschreckung des Ostblocks
- unterschiedliche Interessen innerhalb der Bundespolitik:
  - Bereitschaft der **Regierung Adenauer**, sich an einem Verteidigungsbündnis zu beteiligen, v. a. um durch die weitere Integration in das westliche Bündnis **mehr Souveränität** zu bekommen
  - **starke Opposition** durch die SPD und sogar Vorbehalte in der CDU/CSU, die Bundesrepublik so früh wieder zu bewaffnen und die deutsche Teilung somit zu vertiefen
- **Spaltung der Gesellschaft:**
  - einerseits: Wunsch vieler Bundesbürger nach **Sicherheit und Schutz vor dem Ostblock** → Ängste durch den **Antikommunismus** der Regierung Adenauer geschürt
  - andererseits: starke und gesellschaftlich breite Proteste gegen die Wiederbewaffnung und den Dienst an der Waffe (**„Ohne mich"-Bewegung**)
- geteilte Meinungen unter den Siegermächten (USA und Großbritannien dafür, Frankreich dagegen); Scheitern des Kompromisses, die Bundesrepublik mit Truppen in eine supranationale **Europäische Verteidigungsgemeinschaft** (EVG) einzubinden

### Ergebnisse und Folgen

- **keine Massenbasis** der Proteste, keine Verhinderung der Wiederbewaffnung → stattdessen 1954/55 Eintritt der Bundesrepublik in die **NATO**, 1955/56 Gründung der **Bundeswehr als nationale Armee** (ABER: Rüstungsbeschränkungen, z. B. keine ABC-Waffen)
- militärische Integration als großer Erfolg für Adenauer: Verstärkung der Westbindung, **Ende der Besatzungszeit** und **fast vollständige Souveränität für die Bundesrepublik**
- ABER: Proteste gegen die Wiederbewaffnung als Vorreiter für die pazifistische **Ostermarschbewegung** (ab 1960) und die zunehmenden **Proteste gegen atomare Aufrüstung** → Anfänge der **westdeutschen Friedensbewegung**

**Auf einen Blick**

### Die 68er-Bewegung in Westdeutschland

**FÜR**

- Reformen im Bildungsbereich
- Aufarbeitung der NS-Zeit
- Demokratisierung
- Pressefreiheit
- sexuelle Befreiung

**GEGEN**

- hierarchische Strukturen
- Vietnamkrieg
- Verdrängung der NS-Vergangenheit
- Kapitalismus
- bürgerliche Lebensformen
- Notstandsgesetze der Großen Koalition

*Rudi Dutschke*

**Auswirkungen:**
- Reformpolitik der sozialliberalen Koalition
- zunehmende Auseinandersetzung mit der NS-Vergangenheit
- Politisierung, Liberalisierung, Pluralisierung, Wertewandel

## Hintergründe und Entstehung

- 1960er-Jahre: Zeit großer gesellschaftlicher Veränderungen und zunehmender **Unzufriedenheit der jungen Generation** → Auflehnung gegen die Elterngeneration und das konservative „Establishment" der Ära Adenauer (1949–1963)
- **Ruf nach moralischer Aufarbeitung der Vergangenheit**, da bisher keine nachhaltige Auseinandersetzung mit der NS-Zeit → mehr Aufmerksamkeit Anfang der 1960er-Jahre durch die Frankfurter Auschwitz-Prozesse und den Eichmann-Prozess in Jerusalem
- **„Spiegel-Affäre"** 1962: Vorgehen der Regierung gegen Nachrichtenmagazin *Der Spiegel* wegen kritischer Berichterstattung über NATO-Manöver → **landesweite Proteste** gegen Eingriffe der Regierung in die Pressefreiheit → **Liberalisierungsschub** in der Gesellschaft
- 1960er-Jahre: Entstehung der **Studentenbewegung** unter Führung des Sozialistischen Deutschen Studentenbunds (SDS), der sich v. a. gegen verkrustete Bildungsstrukturen („Unter den Talaren der Muff von 1 000 Jahren") und für **Reformen im Bildungsbereich** einsetzt
- **Proteste** gegen
  - den **Vietnamkrieg** der USA und jegliche Form des Imperialismus (Che Guevara und Ho Chi Minh als sozialistische Vorbilder)
  - **hierarchische Strukturen** an den Universitäten und in der ganzen Gesellschaft
  - die **Verdrängung der NS-Vergangenheit** durch die Elterngeneration → Forderung, die NS-Zeit endlich umfassend aufzuarbeiten und sich der eigenen Verantwortung zu stellen

- **bürgerliche Lebensformen**
- das kapitalistische **Wirtschaftssystem** und die westliche Wohlstandsgesellschaft
- Teil einer **weltweiten Protestbewegung der Jugend** (z. B. USA, Frankreich, Italien)

## Höhepunkt 1967/68

- 1966: Bildung einer **Großen Koalition** (CDU/CSU, SPD) unter dem ehemaligen NSDAP-Mitglied Kurt Georg Kiesinger (CDU), nur schwache Opposition (FDP) im Parlament → Entstehung der **außerparlamentarischen Opposition (APO)** mit großem Anteil an Studenten
- große Sorge der APO: Abbau demokratischer Prinzipien durch die starke Regierung, unkontrollierbarer Einfluss des Staats → v. a. Proteste gegen die geplanten **Notstandsgesetze**, durch die in Krisenzeiten Grundrechte eingeschränkt werden können
- Juni 1967: Demonstration gegen den Besuch des Schahs von Persien in West-Berlin → **Erschießung** des Studenten **Benno Ohnesorg** durch einen Polizisten → zunehmende **Eskalation** der Auseinandersetzungen, **Radikalisierung** der Studentenbewegung (auch Gewaltakte), aufgeheizter „Meinungskrieg" zwischen den Studenten und der Presse (v. a. Springer-Verlag)
- Ostern 1968: **Attentat auf** Studentenführer **Rudi Dutschke**, der schwer verletzt überlebt → Auslöser der schweren „Osterunruhen"
- Mai 1968: Höhepunkt der Demonstrationswelle vor Verabschiedung der **Notstandsgesetze**

## Errungenschaften und Folgen

- vielfältige, auch neue **Formen des Protests:** Demonstrationen, Straßenschlachten, Sitzblockaden („Sit-ins"), Diskussionsveranstaltungen, Happenings, Unterschriftensammlungen, Bürgerinitiativen
- **Wertewandel** jenseits bürgerlich-religiöser Traditionen und Moralvorstellungen:
  - Betonung von Freiheit, Selbstverwirklichung und Individualismus
  - **antiautoritäre Erziehung**, Infragestellung tradierter Familienstrukturen
  - **alternative Lebensformen**, u.a. Wohngemeinschaften (z. B. Kommune 1), sexuelle Freizügigkeit (z. B. Zusammenleben unverheirateter Paare, gleichgeschlechtliche Beziehungen)
  - bewusste Provokation durch unangepasstes Verhalten und Aussehen: lange Haare, kurze Röcke, „Hippie-Kleidung", neue Musikstile wie Rock'n'Roll und Bands (Beatles, Rolling Stones)
  → zunehmende **Politisierung, Liberalisierung und Pluralisierung** der Gesellschaft
- 1969: zunehmende **Resignation** der Studentenschaft, da breite Solidarisierung der Bevölkerung nicht gelungen ist (Radikalisierung schreckt viele Menschen ab) → neue Wege:
  - **Abwendung** von der Studentenbewegung
  - **Engagement** in Parteien und politischen Gremien (**„langer Marsch durch die Institutionen"**), v. a. nach Antritt der sozialliberalen Regierung Brandt („Mehr Demokratie wagen")
  - **Radikalisierung** → 1970: Gründung der linksextremen, terroristischen **Roten Armee Fraktion** (RAF) unter Andreas Baader, Ulrike Meinhof und Gudrun Ensslin → Herausforderung des Rechtsstaats durch Anschläge auf Einrichtungen sowie Attentate auf und Entführung von wichtigen Repräsentanten aus Staat, Wirtschaft und Gesellschaft

## Auf einen Blick

**Volksaufstand 1953**

- große Unzufriedenheit in der Bevölkerung
- Proteste gegen die Erhöhung der Arbeitsnormen
- 17. Juni: Arbeiterstreiks in Ost-Berlin → landesweiter Volksaufstand
- wirtschaftliche und politische Forderungen
- aber: Niederschlagung durch die Rote Armee

**Mauerbau 1961**

- „Republikflucht" strafbar
- Massenflucht = großes politisches und wirtschaftliches Problem
- 13. August: Schließung der Berliner Sektorengrenzen → Bau der Berliner Mauer

**„Republikflucht"** bis 1961 ca. 3 Millionen

DDR

BERLIN

1961 Mauerbau

1953

BONN

**BUNDESREPUBLIK**

## Volksaufstand vom 17. Juni 1953

- viele Gründe für die steigende **Unzufriedenheit in der DDR-Bevölkerung:**
  - persönliche und politische **Unfreiheit**, Überwachung durch das **Ministerium für Staatssicherheit** (MfS, „Stasi")
  - große wirtschaftliche Probleme, ständige **Versorgungskrise** (v. a. Konsumgüter), niedriger Lebensstandard (v. a. im Vergleich zum Westen)
  - **verschärfter Sowjetisierungskurs** durch Verkündung des „planmäßigen Aufbaus des Sozialismus" auf der II. SED-Parteikonferenz 1952 (u. a. Ausbau der Schwerindustrie, Kollektivierung der Landwirtschaft), der auch nicht durch **Stalins Tod am 5. März 1953** unterbrochen wird
  - Mai 1953: **Erhöhung der Arbeitsnormen** um 10 % → mehr Arbeitsleistung bei gleichbleibendem Lohn → Zunahme von Streiks und Protesten
- Mai/Juni 1953: Ermahnung der DDR durch die neue gemäßigtere Regierung in Moskau → Ankündigung eines **„Neuen Kurses"** durch die DDR-Führung (Korrekturen, Eingeständnis von Fehlern), ABER: zunächst keine Rücknahme der erhöhten Arbeitsnormen
- 16. Juni 1953: Streik und Demonstrationszug der Bauarbeiter in der **Ost-Berliner Stalinallee**, unterstützt durch immer mehr Berliner Bürger
- **17. Juni 1953:** Ausweitung des Aufstands auf Hunderte Städte/Orte in der ganzen DDR → Proteste, Demonstrationen, Streiks, Erstürmung von SED-Büros und Gefängnissen → Entwicklung des Arbeiteraufstands zum **Volksaufstand** mit Beteiligten aus allen Schichten
- zunächst v. a. wirtschaftliche Ziele, dann **politische Forderungen:** Demokratie, freie Wahlen, Rücktritt der Regierung, Wiederherstellung der deutschen Einheit
- Hilflosigkeit der DDR-Führung → **Niederschlagung des Aufstands durch die Sowjetunion** (Einsatz von Panzern) → viele Verletzte, mehr als 50 Tote, Verhaftungen, Verurteilungen
- offizielle Propaganda: Aufstand = vom Westen unterstützter **„faschistischer Putschversuch"**
- vorsichtige Reaktionen der Westmächte, um Konfrontation zu vermeiden; ABER: **propagandistische Ausnutzung** gegen die UdSSR; in der Bundesrepublik: **17. Juni = nationaler Feiertag**

## „Republikflucht"

- Problem der DDR: Existenz eines zweiten, erfolgreicheren Teilstaats mit konkurrierendem politisch-wirtschaftlichem System → **Bundesrepublik** (politische Freiheit, „Wirtschaftswunder", Soziale Marktwirtschaft) **als „Magnet"** und (bis 1961) Ziel von rund 3 Millionen DDR-Bürgern
- Straftatbestand „**Republikflucht"**: Bestrafung des „ungesetzlichen Grenzübertritts" (von Geldstrafen bis zur Inhaftierung), ABER: trotzdem Wagnis der Flucht aus unterschiedlichen Gründen
- Bedeutung der **Massenflucht:**
  - Delegitimierung der DDR, die sich als „**besseres Deutschland**" sieht (**„Abstimmung mit den Füßen"**); Aufwertung der Bundesrepublik, die meist das Fluchtziel ist
  - Flucht vieler gut ausgebildeter Fachkräfte und jüngerer Bürger → **volkswirtschaftliche Verluste** (Wegfall von Arbeitskräften, verlorene Ausbildungskosten)
- zunehmende **Abriegelung und Bewachung der innerdeutschen Grenze**, Gebrauch von Schusswaffen, Druck auf zurückgebliebene Familie und Freunde
- ABER: **Sektorengrenzen in Berlin** als „offene Wunde" → täglicher Grenzverkehr zwischen Ost- und West-Berlin (Arbeit, Besuche) → **„Schlupfloch"** für DDR-Bürger, „Fenster nach Westen" (West-Berlin als Beispiel für Leben im Westen)

## Mauerbau 1961

- SED-Generalsekretär **Walter Ulbricht** im Juni 1961: „Niemand hat die Absicht, eine Mauer zu errichten" → ABER: bereits Pläne für eine Mauer um West-Berlin vorhanden
- anfangs keine sowjetische Unterstützung, da Sorge wegen **Reaktion der Westmächte** (die ihre Ansprüche auf West-Berlin während der Berlin-Krisen 1948/49 und 1958 verteidigt haben)
- ABER: destabilisierende Wirkung der Massenflucht auf die DDR → Zustimmung aus Moskau → **13. August 1961:** Abriegung der Berliner Sektorengrenzen durch Soldaten der Nationalen Volksarmee (NVA), Beginn des Mauerbaus
- offizielle Propaganda: Mauer = **„antifaschistischer Schutzwall"**, der die DDR-Bürger vor dem Westen schützen soll, ABER: moralische Bankrotterklärung, da die DDR Menschen einsperren muss, damit sie im vermeintlich „besseren Deutschland" bleiben
- verhaltene Reaktion des Westens: nur **propagandistische Ausschlachtung** und Betonung der Rechte der Westalliierten in West-Berlin
- Bedeutung und Folgen des Mauerbaus:
  - innenpolitisch-wirtschaftliche **Stabilisierung und Konsolidierung** der DDR, mehr Planungssicherheit (z. B. Ausbildung und Verteilung der Arbeitskräfte)
  - **Aufbruchsstimmung** der SED-Führung, gleichzeitig aber auch verstärktes **Vorgehen gegen Oppositionelle** und „Dissidenten"
  - Arrangement vieler Menschen mit der DDR und Rückzug ins Private (**„Nischengesellschaft"**)
  - **endgültige Trennung** von Familien, Freunden und Kollegen; erst nach und nach verbesserte Besuchsmöglichkeiten (v. a. für DDR-Rentner und Bundesbürger)
  - weiterhin **Fluchtversuche** (z. B. über Tunnel, die Ostsee, andere Ostblockstaaten), Verletzte und Todesopfer durch das brutale **Grenzregime mit Schießbefehl**
  - **Bundesrepublik weiter Sehnsuchtsort** vieler DDR-Bürger, Informationen v. a. über private Kontakte oder (verbotenerweise) über westliche Fernseh- und Radiosender
- → Mauer als **ständiges Symbol für Unrechtsregime** der SED

**Auf einen Blick**

**Veränderungen in der Sowjetunion**

1953: Tod Stalins
1956: Beginn der „Entstalinisierung"

**1956**

**Volksaufstand in Ungarn**

- Studentenproteste
  → Volksaufstand

- neue Regierung unter Reformkommunist Imre Nagy

- politisch-wirtschaftliche Umgestaltung, Austritt aus dem Warschauer Pakt

DDR
POLEN
PRAG
TSCHECHOSLOWAKEI
Bratislava
UNGARN
ÖSTERREICH　BUDAPEST

aber: Niederschlagung durch die Sowjetunion

**1968**

**„Prager Frühling" in der ČSSR**

- Hoffnung auf Veränderung durch Alexander Dubček
  → „Sozialismus mit menschlichem Antlitz"

- demokratische Reformen, mehr Freiheiten und Pluralismus → „sozialistische Demokratie"

## Ungarnaufstand 1956

### Ausgangslage und Verlauf

- März 1953: **Tod Stalins** → gemäßigtere Regierung und „Neuer Kurs" in Moskau
- Februar 1956: Einleitung der „**Entstalinisierung**" und eines **politischen „Tauwetters"** durch KPdSU-Generalsekretär **Nikita Chruschtschow** → Auswirkungen auf andere Staaten des Ostblocks, z. B. 1956 Arbeiteraufstand in **Polen**
- in Ungarn: **angespannte Lage** (verstärkt durch die Vorgänge in Polen), große Unzufriedenheit in der Bevölkerung mit der stalinistisch geprägten Regierung und dem Abbruch erster Reformen
- Oktober 1956: Studentenproteste und Demonstrationen mit Forderung politischer Freiheiten, die sich zum **Volksaufstand** ausweiten
- Bildung einer neuen Regierung unter Reformkommunist **Imre Nagy:**
  – **Umgestaltung des politisch-wirtschaftlichen Systems:** Mehrparteiensystem mit freien Wahlen sowie persönlichen und politischen Freiheiten, Überprüfung der Arbeitsnormen
  – **Austritt aus dem Warschauer Pakt**, Erklärung der Neutralität

### Reaktion der Sowjetunion und Folgen

- Reaktion der Supermächte Sowjetunion und USA vor dem Hintergrund des Kalten Kriegs und der gleichzeitigen **Suezkrise** in Ägypten (Doppelkrise im Herbst 1956):
  – 1956: Spannungen nach der **Verstaatlichung des Suezkanals** durch Ägypten → Oktober 1956: Angriff Israels (unterstützt von Großbritannien und Frankreich) auf Ägypten, ABER: USA und UdSSR dringen auf Ende der Krise

- Befürchtung der UdSSR, der Ungarnaufstand könnte **auf andere Ostblockstaaten übergreifen** → großes Interesse, die Lage in Ungarn schnell zu beruhigen
- **Zurückhaltung der USA**, da man Eskalation im Kalten Krieg vermeiden will → keine Unterstützung der Reformer trotz Bitten um militärische Hilfe
- November 1956: Unterstützung für kommunistische Gegenkräfte unter **János Kádár**, brutale **Niederschlagung des Aufstands** durch sowjetische Truppen → Tausende Tote und Verletzte, Flucht Hunderttausender Ungarn in den Westen, 1958 Hinrichtung von Nagy
- anschließend: nach harten Repressionen innerer Versöhnungskurs mit gewissen liberalen Zugeständnissen in Politik, Wirtschaft und Kultur (**„Gulaschkommunismus"**)

## „Prager Frühling" 1968

### Ausgangslage und Verlauf

- nach Stalins Tod 1953: nur zögerlicher Übergang zum „Neuen Kurs" der UdSSR und zur „Entstalinisierung" → **Druck aus Moskau** → 1960er-Jahre: u. a. Rehabilitierung von Opfern, Debatten über marktwirtschaftliche Elemente und Liberalisierung der Kulturpolitik in der (ab 1960) Tschechoslowakischen Sozialistischen Republik (**ČSSR**)
- Januar 1968: Wahl **Alexander Dubčeks** zum neuen Chef des Zentralkomitees der Kommunistischen Partei der Tschechoslowakei (**KSČ**), der einen **„Sozialismus mit menschlichem Anlitz"** schaffen will → innenpolitische Wende, Hoffnung und Begeisterung in der Bevölkerung → **Beginn des „Prager Frühlings":**
- liberale und demokratische Reformen in Politik und Wirtschaft, mehr Freiheiten (Rede-, Presse-, Versammlungs-, Reisefreiheit) und Pluralismus
- **„sozialistische Demokratie"** als „Dritter Weg" zwischen dem Staatssozialismus des Ostblocks und dem westlich-liberalen Kapitalismus
- Juni 1968: **„Manifest der zweitausend Worte"** des Schriftstellers Ludvík Vaculík (von weiteren Intellektuellen unterzeichnet) mit deutlicher Kritik am totalitären Sozialismus in der ČSSR → von der Sowjetunion als Provokation verstanden

### Reaktion der Sowjetunion und Folgen

- August 1968: blutige **Niederschlagung des „Prager Frühlings"** und militärische Besetzung der ČSSR durch den Warschauer Pakt („brüderliche Hilfe" bei Verteidigung des Sozialismus)
- Druck auf Dubčeks Regierung, die **„Moskauer Protokoll"** unterschreiben muss → Aufhebung fast aller Reformen, Stationierung sowjetischer Truppen in der ČSSR
- November 1968: Formulierung der **„Breschnew-Doktrin"** (benannt nach KPdSU-Generalsekretär Leonid Breschnew): Recht der UdSSR, dort zu intervenieren, wo der Sozialismus bedroht sei
- **Ablösung von Dubček** durch den moskautreuen Gustáv Husák, **Entfernung reformbereiter Kräfte** aus Partei und Staat
- **Abwanderung** von Politikern, Schriftstellern, Künstlern, Wissenschaftlern und Journalisten **in den Westen**
- 1970er-Jahre: extrem repressive Phase mit umfassender Orientierung an der Sowjetunion; **Ende aller Reformmaßnahmen des „Prager Frühlings"**

**Auf einen Blick**

## Neue Soziale Bewegungen in der Bundesrepublik

**Frauenbewegung**

- **Einsatz** für die private und berufliche Gleichberechtigung von Mann und Frau
- **Proteste** gegen die Strafbarkeit von Abtreibungen

**Friedensbewegung**

- **Einsatz** für militärische Abrüstung und friedliche Konfliktlösung
- **Proteste** gegen den NATO-Doppelbeschluss

**Anti-Atomkraft- und Umweltbewegung**

- **Einsatz** für den Umweltschutz und gegen Großprojekte, die Folgen für die Umwelt haben
- **Proteste** gegen die militärische und zivile Nutzung der Kernenergie

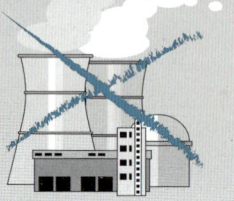

## Die sozialliberale Koalition

- Bundestagswahl 1969: Bildung der ersten **sozialliberalen Koalition** unter Bundeskanzler **Willy Brandt** (SPD) und Vizekanzler **Walter Scheel** (FDP) → neue Ansätze und Wege in der Innen-, Wirtschafts- und Sozialpolitik sowie in der Außen- und Deutschlandpolitik (Neue Ostpolitik)
- innenpolitische **Reformpolitik** unter dem Motto „**Mehr Demokratie wagen**" → Ziel: mehr Mitbestimmung, Chancengleichheit und **Emanzipation** der Bürger durch:
  - **Reform des Bildungswesens**, u. a. finanzielle Unterstützung im Rahmen des Bundesausbildungsförderungsgesetzes (BAföG) zur Erhöhung von Chancengleichheit
  - Erweiterung der **Mitbestimmung der Arbeitnehmer** in Betrieben
  - **Senkung von Volljährigkeit und Wahlalter** von 21 auf 18 Jahre, um die rebellierende Jugend an den Staat heranzuführen
  - **Reform des Sexualstrafrechts:** Aufhebung des „Kuppelei-Paragrafen" (Verbot des unehelichen Zusammenlebens) und der Strafbarkeit von Homosexualität
  - neues **Familiengesetz** 1977 mit Gleichstellung von Ehefrauen mit ihren Ehemännern
  - → **Aufbruchsstimmung**, aber auch Widerstände und Ernüchterung in Politik und Gesellschaft

## Neue Soziale Bewegungen

- Hintergrund: zunehmende **Politisierung und Pluralisierung der Gesellschaft** infolge der 68er-Bewegung → steigendes politisches Interesse, mehr Partizipation und Engagement abseits der Parteien → stärkere **Verankerung der Demokratie** in der Gesellschaft

- 1970er-/1980er-Jahre: Entstehung der **Neuen Sozialen Bewegungen**, die vielfältige Anliegen vertreten, aber oft miteinander verknüpft sind: **Anti-Atomkraft, Umwelt, Frauen, Frieden**
- parteipolitische Auswirkungen:
  - 1980 Gründung der Partei **Die Grünen**, die 1983 erstmals in den Bundestag einzieht →
    **vierte Fraktion** (neben CDU/CSU, FDP, SPD), die dauerhaft im Bundestag vertreten ist (neue Koalitionsmöglichkeiten)
  - Notwendigkeit für die bisherigen Parteien, auch **Themen der Neuen Sozialen Bewegungen** wie Umweltschutz und Einsatz für den Frieden **einzubinden**

## Anti-Atomkraft- und Umweltbewegung

- Proteste gegen die **militärische und zivile Nutzung der Kernenergie**
- 1974/75: erste erfolgreiche Aktionen gegen den Bau eines Kernkraftwerks in **Wyhl** (nahe Freiburg), dabei Mobilisierung der breiten Bevölkerung
- Massendemonstrationen gegen Atomkraft nach den Reaktorunfällen in **Harrisburg** (USA) 1979 und **Tschernobyl** (Sowjetunion) 1986
- Engagement der Umweltbewegung z. B. gegen den Bau bzw. die Erweiterung von **Flughäfen** und **Autobahnen** (u. a. langjährige, letztlich erfolglose Proteste gegen die Startbahn West des Flughafens Frankfurt am Main)
- zunehmende Organisation und Vernetzung, z. B. im Bund für Umwelt und Naturschutz (BUND)

## Friedensbewegung

- Wurzeln u. a. in der **Ostermarschbewegung**
- Einsatz für **Abrüstung** und die friedliche Bewältigung von Konflikten, besonders angesichts des um 1980 wieder „heißer" werdenden Kalten Kriegs und der Furcht vor einer nuklearen Katastrophe (Verbindung mit **Anti-Atomkraft-Bewegung**)
- massive Proteste gegen den **NATO-Doppelbeschluss von 1979:**
  - Hintergrund: Stationierung modernisierter, schlagkräftigerer Mittelstreckenraketen durch die UdSSR; **zunehmende Verhärtung der Positionen** auf beiden Seiten
  - Inhalt: **Stationierung atomarer Mittelstreckenraketen** auch **in der Bundesrepublik**, falls die UdSSR nicht zu weiteren Abrüstungsgesprächen/-maßnahmen bereit ist
  - **großer Widerstand** der Friedensbewegung, der „Grünen", von Intellektuellen und Politikern unterschiedlicher Parteien → u. a. (Groß-)Demonstrationen (z. B. Bonn 1981), Menschenketten (z.B. 1983 von Stuttgart nach Neu-Ulm)
  - ABER: **Umsetzung des NATO-Doppelbeschlusses 1983** durch die Regierung unter Helmut Kohl (CDU/CSU, FDP), Beginn der Raketenstationierung

## Frauenbewegung

- Einsatz für die private und berufliche **Gleichberechtigung der Frau** und die **Modernisierung traditioneller Rollenbilder**, z. B. gleiche Löhne für Männer und Frauen
- Einsatz für **alternative Wohn- und Lebensformen** sowie **antiautoritäre Erziehung**
- Demonstrationen für die Selbstbestimmung über den eigenen Körper und besonders **gegen die Strafbarkeit von Abtreibungen:**
  - Forderung nach Abschaffung des **§ 218** Strafgesetzbuch → emotional sehr aufgeladene Debatte, großes Aufsehen des *Stern*-Artikels „Wir haben abgetrieben" 1971
  - Urteil des Bundesverfassungsgerichts 1976: Abtreibung zwar weiter verboten, aber **keine strafrechtliche Verfolgung** mehr

**Auf einen Blick**

### Anfänge der Opposition in der DDR

*Wolf Biermann*

**äußere Einflüsse**
- KSZE-Prozess
- Bürgerrechtsbewegungen im Ostblock (z.B. Charta 77)

**Themen**
**für:**
Frieden, Menschenrechte, Reisefreiheit, freie Meinung
**gegen:**
Rüstungswettlauf, Umweltzerstörung

**Reaktion der Staatsmacht**
- Überwachung („Stasi")
- Berufsverbote
- Ausbürgerungen
- Verhaftungen

**Akteure**
- viele Intellektuelle, Künstler, Schriftsteller (z.B. Biermann, Havemann)
- Menschenrechts-, Friedens-, Umwelt-, Ausreisebewegung

## Hintergrund: Die Bedeutung des KSZE-Prozesses für den Ostblock

- 1972: im Zuge der internationalen **Entspannungspolitik** Beginn der **Konferenz über Sicherheit und Zusammenarbeit in Europa** (KSZE) → Verhandlungen über politische, wirtschaftliche, militärische, gesellschaftliche, kulturelle Themen
- 1. August 1975: Unterzeichnung der **KSZE-Schlussakte von Helsinki**, auch durch die osteuropäischen Staaten
- → Eintreten für **Abrüstung**, Reisefreiheit, Förderung grenzüberschreitender **Kontakte und Kooperation**, Informationsfreiheit, **Unverletzlichkeit** (nicht Unveränderbarkeit) **der Grenzen**, **Gewaltverzicht** und friedliche Konfliktbewältigung
- KSZE-Folgekonferenzen der 1970er-/1980er-Jahre als **Austauschmöglichkeiten** für Politiker, Experten und Wissenschaftler mit hitzigen Diskussionen über Verstöße gegen die Schlussakte
- Bedeutung für **Dissidenten- und Bürgerrechtsbewegungen** im Ostblock:
  - Berufung auf Versprechen der Schlussakte, v. a. Korb 3: Bekenntnis zur **Wahrung der Menschenrechte** und zur Gewährung von Freizügigkeit
  - Gründung von **Bürgerrechtsgruppen** („Helsinki-Gruppen") in der Sowjetunion und anderen Ostblockländern, Auftrieb für andere Bewegungen (z. B. Solidarność in Polen), ABER: staatliche **Repressionen**

## Opposition und Dissidentenbewegung in der DDR

- Begriff „**Dissident**":
  - Bezeichnung für Person, die eine **andere Meinung** als die staatlich vorgegebene Linie vertritt und ggf. sogar der nicht geduldeten **Opposition** angehört
  - Begriff relevant für autoritäre, diktatorische, totalitäre Staaten, in denen **keine Meinungsfreiheit** herrscht und andere Ansichten politisch **nicht geduldet** sind
  - Dissidenten mehr oder weniger stark in den **Ostblockstaaten** vertreten, wo jegliche **Kritik am Sozialismus** als **staatsgefährdend** gilt

- in der DDR von Beginn an Vorgehen gegen Bürger, die **andere Meinungen vertreten:**
  - politische **Oppositionelle** (auch innerhalb der SED); kritische Intellektuelle, Schriftsteller und Künstler; Menschen, die sich nicht anpassen wollen (v. a. Jugendliche)
  - **Repressionen** durch SED-Regierung und **Ministerium für Staatssicherheit** („Stasi") → Überwachung (v. a. durch inoffizielle Mitarbeiter), Unterwanderung von Gruppen, Zensur, Publikations- und Auftrittsverbote, Inhaftierung, Ausbürgerung
- nach dem Mauerbau 1961: gewisse innenpolitische und wirtschaftliche **Stabilisierung**, zugleich aber auch Ausbau der Bespitzelung durch die „Stasi" → oft **Resignation**, Rückzug ins Private
- 1968: Einführung des **Strafgesetzbuchs**, das gegen politisch Andersdenkende und vermeintliche Angriffe auf die DDR angewandt wird
- 1968: klare Befürwortung der Niederschlagung des „**Prager Frühlings**" → Signal an oppositionelle Kräfte, dass die SED-Spitze **keine Abweichungen** tolerieren wird
- ABER: trotzdem Entstehung einer **Menschen- und Bürgerrechtsbewegung** (v. a. Künstler, Intellektuelle, Kirchenvertreter) → Auftrieb durch **KSZE-Prozess** und Charta 77 in der ČSSR
- Ereignisse des Jahres 1976, die die Entstehung einer **Oppositionsbewegung** vorantreiben:
  - **Selbstverbrennung** des evangelischen Pfarrers **Oskar Brüsewitz** aus Protest gegen die Bildungs- und Kirchenpolitik der SED → steigender Unmut unter Geistlichen und Gläubigen
  - **Ausbürgerung** des kritischen Liedermachers **Wolf Biermann** → breite Solidaritätswelle in Ost und West; Proteste führender Intellektueller, Schriftsteller und Künstler der DDR (u. a. Robert Havemann, Christa Wolf, Stefan Heym)
  - **Hausarrest** für den Naturwissenschaftler und Biermann-Freund **Robert Havemann** (ab den 1960er-Jahren bekanntester DDR-Dissident)
- um 1980: Proteste der **Friedensbewegung** gegen massive Aufrüstung sowie Militarisierung der DDR-Gesellschaft (Slogan „Schwerter zu Pflugscharen") → Beginn der „**Friedensgebete**" in der Leipziger Nikolaikirche
- 1980er-Jahre: zunehmende Tätigkeit der **Friedens-, Menschenrechts-, Umwelt- und Ausreisebewegung** (oft unter dem Dach der evangelischen Kirche, da dort gewisser Schutz) → Anprangerung von Rüstungswettlauf, fehlenden Freiheiten sowie enormen Umweltproblemen, ABER: bis 1989 **keine Breitenwirkung**, nur begrenzter Einfluss, starke Repressionen

## Charta 77 in der Tschechoslowakei

- seit der Niederschlagung des „Prager Frühlings" 1968: **angespannte Lage** in der ČSSR
- 1970er-Jahre: staatliche Repressionen und weitverbreitete Resignation, ABER: Hoffnung durch den KSZE-Prozess → Entstehung einer **Bürgerrechtsbewegung** (Künstler, Intellektuelle, reformbereite Politiker, Geistliche, Arbeiter)
- 1977: Entstehung der Bürgerinitiative **Charta 77** → **Petition** für Menschen- und Bürgerrechte (mit Hunderten von Unterschriften); anschließend Veröffentlichung weiterer Dokumente, die **Missstände und Menschenrechtsverletzungen** in der ČSSR aufzeigen sollen
- **harte Reaktion** der Regierung: u. a. Verhaftungen, Diffamierungs-/Gegenkampagne (u.a. Veröffentlichung einer Anticharta), Berufs-/Auftrittsverbote, Abschiebungen
- ABER: **Ausstrahlung** auf oppositionelle Bewegungen in anderen Ostblockstaaten, viel Aufmerksamkeit auch im Westen, Bedeutung von Charta 77-Unterstützern für den Umbruch 1989 (u. a. **Václav Havel**)

**Auf einen Blick**

## „Ölpreisschocks" und Wirtschaftskrise

Ursache: 1. und 2. Ölpreiskrise

| starke Konjunktureinbrüche, Stagflation, heftige Rezession | hohe Arbeitslosigkeit, steigende Sockel-arbeitslosigkeit (auch wegen Strukturwandel) | Neoliberalismus, weniger Geld für Sozialpolitik | Energiespar-maßnahmen, alternative Energieträger |

▶ Ende des „Goldenen Zeitalters" und des westdeutschen „Wirtschaftswunders"

## Hintergrund: Die Ölkrisen 1973 und 1979/80

### Erste Öl(preis)krise

- Auslöser: neue Eskalation des Nahostkonflikts → **Jom-Kippur-Krieg 1973:** Israel (unterstützt vom Westen) ↔ Ägypten und Syrien (unterstützt von anderen arabischen Staaten)
- Folgen für die **Weltwirtschaft:**
  - Drosselung der Erdölförderung durch die **OPEC** (Organisation erdölexportierender Länder), Lieferstopp an ausgewählte Länder **(Ölembargo)** als Druckmittel gegenüber dem Westen
  - Folge der Verknappung bei weiterhin starker Nachfrage der westlichen Industriestaaten: steigender Preis für Rohöl → **„Ölpreisschock"**

### Zweite Öl(preis)krise

- Auslöser: 1978/79 **Islamische Revolution im Iran** mit Sturz des westlich orientierten Schahs von Persien → Gründung einer Islamischen Republik; 1980 Angriff des Irak auf den Iran → **Erster Golfkrieg** um die Vormachtstellung in der Region
- erneute **Unsicherheiten am Ölmarkt**, eingeschränkte Fördermengen, wieder erhebliche Auswirkungen auf die Weltwirtschaft

## Auswirkungen der Ölkrisen auf die westliche Wirtschaft

- heftige Auswirkungen der „Ölpreisschocks" auf den Westen wegen zentraler Rolle von **Erdöl** (gerade erst Umstellung von Kohle auf Erdöl als Hauptenergieträger) → starke **Konjunktureinbrüche** (z. T. heftige Rezession) → Ende des immensen Wirtschaftswachstums nach 1945 (**„Goldenes Zeitalter"**, u. a. **„Wirtschaftswunder"** in der Bundesrepublik)

- **Stagflation** = wirtschaftliche Stagnation <u>und</u> Inflation (Geldentwertung)
- stagnierende, teils sogar sinkende **Nachfrage, steigende Produktionskosten** → Rückgang der Industrieproduktion, steigende Preise für Produkte, viele Insolvenzen
- gravierender Anstieg der **Arbeitslosenzahlen**, dabei zunehmende **Sockelarbeitslosigkeit** (= Arbeitslose, die trotz Aufschwung und Fortbildung keine Beschäftigung finden) wegen des gleichzeitigen wirtschaftlichen **Strukturwandels**
- 1973: **Zusammenbruch** des Weltwährungssystems von **Bretton Woods** (US-Dollar als Leitwährung) wegen erster Ölpreiskrise, Strukturwandel und Differenzen der teilnehmenden Länder → mehr Kooperation auf europäischer Ebene (z. B. Europäisches Währungssystem 1979)
- um 1980: Abkehr vom **Keynesianismus** und Hinwendung zum **Neoliberalismus**
  - Zurückhaltung des Staats in wirtschaftlichen Fragen, Senkung der Staatsausgaben, **Schaffung attraktiver Bedingungen für die Angebotsseite** (z. B. geringere Unternehmenssteuern, Privatisierungen, gute Infrastruktur) → Stärkung des freien Marktes, Produktionsanreize
  - schwere soziale Folgen durch Einsparungen in der **Sozialpolitik** → trotz hoher Arbeitslosigkeit Pause beim Ausbau des Sozial- und Wohlfahrtsstaats → **Auseinanderdriften von Arm und Reich**, Diskussion um „**Zwei-Drittel-Gesellschaft**" (nur 2/3 der Bevölkerung profitieren von Marktwirtschaft)
- **Energiesparmaßnahmen und alternative Energieträger** (u. a. Bau von Kernkraftwerken) → in der Bundesrepublik: Energiesicherungsgesetz 1973 (Ermächtigung der Bundesregierung, Erdöl zu rationieren → Einschränkungen wie autofreie Tage, Tempolimits)
- Schub für **Neue Soziale Bewegungen**, die sich für Umweltschutz sowie gegen die militärische <u>und</u> zivile Verwendung von Atomenergie einsetzen
- Warnungen des „**Club of Rome**" (1972: „Grenzen des Wachstums") vor den schweren Folgen **ungebremsten Wirtschaftswachstums** (u. a. Rohstoffknappheit, massive Umweltzerstörung)
- verspätete Auswirkungen der „Ölpreisschocks" auf Staaten des **Ostblocks** (z. B. DDR: zuerst noch Bezug von Ölreserven der Sowjetunion, dann Rückgriff auf eigene Braunkohlevorkommen)

## Strukturwandel der westlichen Wirtschaft

- allgemeiner wirtschaftlicher **Strukturwandel** (in gewissem Umfang auch im Osten) → im Westen **Übergang von der Industrie- zur Dienstleistungsgesellschaft**
- Rückgang traditioneller Industrien und Leitsektoren (Kohle, Stahl, Eisen, Textil)
- Stärkung des **Dienstleistungssektors** (dritter Sektor → **Tertiärisierung**) → Schaffung neuer Arbeitsplätze (zuerst v. a. in staatlichen Behörden) auf Kosten des Industriesektors
- Konzentration auf **neue Technologien**, z. B. Mikroelektronik, Telekommunikation
- zunehmende Rationalisierung, Mechanisierung und **Digitalisierung („Dritte Industrielle Revolution")** mit Optimierung von Arbeitsprozessen (u. a. Verwendung erster Computer) → Einsparung von Arbeitskräften
  - → **strukturbedingte Arbeitslosigkeit**, besonders in traditionellen Industrieregionen (z. B. Ruhrgebiet); hohe Sockelarbeitslosigkeit in der „klassischen" Arbeiterschicht

### Umbruch im Ostblock

**Polen**

- Engagement der freien Gewerkschaft Solidarność, die zunächst unterdrückt wird, dann aber den Umbruch gestaltet
- Bedeutung des Katholizismus
- „Runder Tisch" und Übergang Polens zur Republik

**Tschechoslowakei**

- „Samtene Revolution"
- Massenproteste, Oppositionsgruppen, Destabilisierung durch ostdeutsche Flüchtlinge
- allmählicher Machtverlust der Kommunisten

*Michail Gorbatschow*

**Sowjetunion**

- Gorbatschows Reformen: „Glasnost", „Perestroika"
- Abkehr von der „Breschnew-Doktrin" → „Sinatra-Doktrin"
- Annäherung an den Westen (Abrüstung, Entspannung)

## Sowjetunion: Gorbatschows Reformkurs

- 1970er-/1980er-Jahre: **Strukturkrise** und **steigende Unzufriedenheit:**
  - **politische Legitimationskrise** wegen fehlender Freiheiten und Partizipationsmöglichkeiten; überaltete kommunistische Kader, die keine Reformen gewähren
  - **Ineffizienz der Planwirtschaft**, Auswirkungen der Ölkrisen, schlechte Versorgung der Bevölkerung und Umweltprobleme wegen Primat der Schwerindustrie
  - steigende **Staatsverschuldung**, hohe **Ausgaben** wegen des Rüstungswettlaufs mit den USA
- 1982–1985: Führungskrise aufgrund des rasch aufeinanderfolgenden Todes dreier Parteiführer (Breschnew, Andropow, Tschernenko) → 1985: Wahl **Michail Gorbatschows** zum neuen KPdSU-Generalsekretär = mächtigster Mann in UdSSR und Ostblock
- Reformen unter dem Motto **„Glasnost"** (Offenheit) und **„Perestroika"** (Umgestaltung) → Ziel: Weiterentwicklung und Rettung des Sozialismus durch politisch-wirtschaftliche Reformen, gewisse Demokratisierung und Marktwirtschaft, mehr Pluralismus und Transparenz→ **Hoffnung auf Veränderung** auch im restlichen Ostblock
- 1989: endgültige **Abkehr von der „Breschnew-Doktrin"** → **„Sinatra-Doktrin":** Erlaubnis für die Ostblockstaaten, eigene Wege zu gehen (benannt nach Frank Sinatra: „My Way") → **Polen und Ungarn** leiten den Umbruch ein; **DDR, Rumänien und Albanien** verweigern sich
- **Annäherungs- und Friedenspolitik** gegenüber dem Westen → Wiederaufnahme von Verhandlungen über Rüstungskontrolle → **Entspannung** zwischen den Blöcken

## Polen: Solidarność

- 1970er-Jahre: große **wirtschaftliche Probleme** (Preiserhöhungen, Versorgungsengpässe, hohe Schulden) → Proteste/Demonstrationen, Entstehung erster oppositioneller Gruppen → ABER: **Unterdrückung Andersdenkender** durch Partei- und Staatsführung

- 1978: Wahl des Polen **Karol Wojtyła** zu **Papst Johannes Paul II.** → religöse Aufbruchsstimmung in der großteils katholischen Bevölkerung
- Sommer 1980: landesweite Streiks mit politisch-wirtschaftlichen Forderungen → Zugeständnis der Regierung: Gründung **unabhängiger Gewerkschaften**
- 17. September 1980: offizielle Gründung der **Solidarność** (poln. = „Solidarität") unter **Lech Wałęsa** = erste freie Gewerkschaft des Ostblocks → Beitritt von Millionen Arbeitern; Zusammenarbeit von **Arbeiterschaft, Intellektuellen und katholischer Kirche**
- zunehmender Druck auf die Regierung durch die Opposition sowie die Sowjetunion, die mit Eingreifen droht → 1981–1983 Verhängung des **Kriegsrechts** durch Ministerpräsident **Wojciech Jaruzelski**, der mithilfe des **Militärs** regiert
  – Verbot von Streiks, harte **Unterdrückung der Opposition**, viele Verhaftungen (u. a. Wałęsa)
  – 1982: **Verbot der Solidarność**, ABER: illegale Oppositionsarbeit
  – 1983: **Friedensnobelpreis** für Wałęsa
  – **endgültige Entfremdung** zwischen Staatsmacht und Bevölkerung (oft Rückzug ins Private)
- 1988: nach landesweiten Streiks **Wiederzulassung der Solidarność** → Kontakt zu reformbereiten Vertretern der Partei- und Staatsführung → Frühjahr 1989: „Runder Tisch" aus Regierung, Kirchen und Opposition → Einschränkung der Macht der Kommunisten
- Juni 1989: halbfreie Parlamentswahlen mit Erfolgen für die Opposition → neue Koalitionsregierung (u. a. Solidarność), **Tadeusz Mazowiecki** = erster nichtkommunistischer Regierungschef des Ostblocks
- 1989–1991: **Übergang Polens zur Republik** (1990: Wahl Wałęsas zum Staatspräsidenten) und zur **Marktwirtschaft**; Ende des kommunistischen Führungsanspruchs und Auflösung der **PZPR** (Polnische Vereinigte Arbeiterpartei)

## Tschechoslowakei: „Samtene Revolution"

- „**Samtene Revolution**" („Sanfte Revolution") = weitgehend friedlich verlaufener Umbruch 1989/90 in der **Tschechoslowakei**
- ablehnende Reaktion der Regierung auf Gorbatschows Reformen, Festhalten am bisherigen **Repressionskurs**, ABER: zunehmender Autoritätsverlust der kommunistischen Staatsführung
- Sommer 1989: zahlreiche ostdeutsche Flüchtlinge in der **westdeutschen Botschaft in Prag** → zusätzliche Destabilisierung
- Umbruch im **November/Dezember 1989**
  – brutales Vorgehen der Polizei bei **Studentendemonstration** in Prag als Auslöser für weitere Massenproteste und (General-)Streiks
  – Zusammenschluss von Oppositionsgruppen zum „**Bürgerforum**" (Tschechien) und zur „**Öffentlichkeit gegen Gewalt**" (Slowakei)
  – Rücktritt der Parteispitze der **KPC** (Kommunistische Partei der Tschechoslowakei), Kontaktaufnahme der Staatsführung zur Opposition, ABER: schließlich endgültiger Zusammenbruch der Staatsregierung
  – neue Übergangsregierung, in der die Kommunisten keine Mehrheit mehr haben; Wahl **Alexander Dubčeks** zum Parlamentspräsidenten und **Václav Havels** zum Staatspräsidenten
- schwieriger **Transformationsprozess der CSFR** (Tschechische und Slowakische Föderative Republik) mit starken Spannungen zwischen tschechischem und slowakischem Landesteil → **staats- und völkerrechtliche Trennung** 1992/93

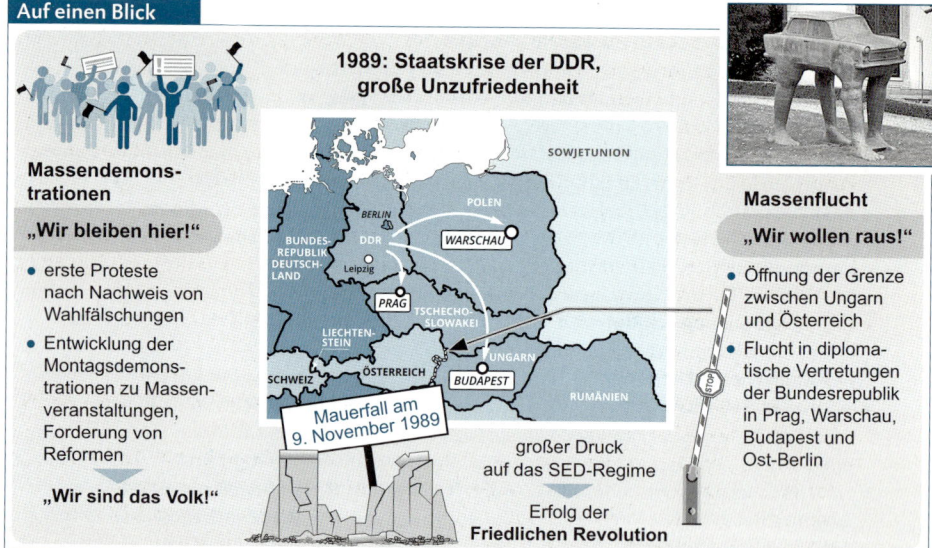

**Auf einen Blick**

1989: Staatskrise der DDR, große Unzufriedenheit

**Massendemons-trationen**

„Wir bleiben hier!"

- erste Proteste nach Nachweis von Wahlfälschungen
- Entwicklung der Montagsdemons-trationen zu Massen-veranstaltungen, Forderung von Reformen

„Wir sind das Volk!"

**Massenflucht**

„Wir wollen raus!"

- Öffnung der Grenze zwischen Ungarn und Österreich
- Flucht in diploma-tische Vertretungen der Bundesrepublik in Prag, Warschau, Budapest und Ost-Berlin

Mauerfall am 9. November 1989

großer Druck auf das SED-Regime

Erfolg der **Friedlichen Revolution**

## Ausgangslage: Staatskrise der DDR

- 1980er-Jahre: **Verschärfung der** innenpolitisch-wirtschaftlichen **Probleme** in der DDR
  - keine politischen und persönlichen Freiheiten (z. B. keine Reisefreiheit), politische **Stagnation**
  - **Ineffektivität der Planwirtschaft** (veraltete Anlagen, fehlende Innovationen), schlechte Versorgung, Verschärfung der Lage durch die Ölkrisen → drohender **Staatsbankrott**, der nur durch westdeutsche Milliardenkredite abgewendet werden kann
  - massive **Umweltschäden** (u. a. durch erneute Forcierung der Braunkohleförderung)
  → wachsende **Diskrepanz zwischen Anspruch und Wirklichkeit** in der DDR, immer größeres Auseinanderdriften von SED-Führung und Bevölkerung → **Legitimationskrise**
  → **steigende Unzufriedenheit**, Verunsicherung selbst unter Parteimitgliedern und Kadern
- Auswirkungen der **KSZE-Schlussakte von Helsinki** 1975:
  - Formierung **oppositioneller Gruppen** → Einsatz für Frieden, Abrüstung, Umweltschutz und Menschenrechte
  - Einforderung von **Reisefreiheit**, Zunahme der **Anträge auf ständige Ausreise** → Beginn der **Ausreisebewegung**, die von der „Stasi" bekämpft wird
- 11. März 1985: **Wahl Gorbatschows** zum Generalsekretär der KPdSU → Kurswechsel in der Sowjetunion als **Auftrieb für oppositionelle Gruppen** im Ostblock, auch in der DDR, ABER: Weigerung der DDR-Führung, Gorbatschows Reformen zu übernehmen

## 1989: Massenflucht und Massendemonstrationen

- Mai 1989: durch die Opposition **Nachweis massiver Wahlfälschungen** bei den Kommunalwahlen → erste Demonstrationen und Proteste
- Juni 1989: Zustimmung der DDR-Spitze zur **blutigen Unterdrückung der Oppositionsbewegung** in China → Furcht vor einem zweiten „17. Juni 1953" in der DDR

- Auswirkungen des **Reformkommunismus in Ungarn**
  - ab 1987: **Reform- und Transformationsprozess**, friedlicher Systemwechsel („stille Revolution"), 1989: Entstehung der demokratischen **Republik Ungarn**
  - ab Mai 1989: schrittweiser **Abbau der Grenzbefestigungen** zum neutralen Österreich; im September 1989 finale Grenzöffnung → **neuer Fluchtweg** für Zehntausende DDR-Bürger
- **Besetzung westdeutscher Botschaften** (Prag, Budapest, Warschau) sowie der Ständigen Vertretung in Ost-Berlin durch DDR-Bürger → 30. September 1989: Erlaubnis zur **Ausreise von Botschaftsflüchtlingen** wegen unhaltbarer Zustände in überfüllten Botschaften
- September 1989: erste **Montagsdemonstrationen** im Anschluss an die Friedensgebete in der Leipziger Nikolaikirche → Entwicklung zu Massenveranstaltungen (v. a. in Leipzig) → Forderung von demokratischen Reformen unter der Parole „**Wir sind das Volk!**"
- Gründung neuer **oppositioneller Gruppierungen**, v. a. Neues Form, Demokratischer Aufbruch, Demokratie Jetzt
- Reaktionen der **SED-Spitze:**
  - Sommer 1989: **Führungslosigkeit und Verunsicherung innerhalb der SED** wegen Krankheit von Parteichef Erich Honecker
  - weiterhin Ablehnung von Reformen, ABER: **kein gewaltsames Eingreifen** zur Unterbindung der Massendemonstrationen (auch wegen **fehlender Unterstützung der UdSSR**)
  - unbeirrtes Festhalten an den Feiern zum **40-jährigen Jubiläum der DDR** am 7. Oktober 1989 → Gorbatschow als Ehrengast, der Honecker vor zu späten Reformen warnt
- 18. Oktober 1989: **Rücktritt Honeckers** → Nachfolger: **Egon Krenz**, ABER: Ausbleiben der von Krenz angekündigten Wende
- 4. November 1989: **Öffnung der tschechoslowakischen Grenzen** für DDR-Bürger, **Großdemonstration** auf dem Alexanderplatz in Ost-Berlin → 7./8. November 1989: **Rücktritt der DDR-Regierung** und des gesamten Politbüros
- unerwartete, aber wegweisende Entwicklungen am **9. November 1989:**
  - missverständliche Verkündung einer neuen Reiseverordnung durch Politbüromitglied **Günter Schabowski** auf einer Pressekonferenz
  - Ansturm zahlreicher DDR-Bürger auf die **Berliner Sektorengrenzen** → aufgrund des großen Drucks Öffnung der Grenzübergänge → massenhafte Ausreise aus der DDR
  - → **Fall der Berliner Mauer** = Anfang vom Ende der DDR

## Ausblick: Wiederherstellung der deutschen Einheit

- plötzliche Aktualität der **Frage nach einer deutschen Wiedervereinigung:**
  - fortgesetzte Massendemonstrationen: „**Wir sind ein Volk!**", „Deutschland, einig Vaterland"
  - Teile der DDR-Opposition für **Reform der DDR** („Runder Tisch"), ABER: zu wenig Einfluss
- 18. März 1990: **erste freie Volkskammer-Wahlen** → Wahlsieger = „Allianz für Deutschland", die sich an der Bundesrepublik unter Helmut Kohl (CDU) orientiert → Legitimation der Wiedervereinigung durch DDR-Bevölkerung
- 18. Mai 1990: Bildung einer **Wirtschafts-, Währungs- und Sozialunion** (Erster Staatsvertrag) zwischen beiden deutschen Staaten
- 31. August 1990: Abschluss der Wiedervereinigung durch den Zweiten Staatsvertrag **(= „Einigungsvertrag")**
- Verhandlungen zwischen den zwei deutschen Staaten und den vier Alliierten → 12. September 1990: Zustimmung der Siegermächte zur Wiedervereinigung im „**Zwei-plus-Vier**"-Vertrag
- → **Beitritt der DDR zur Bundesrepublik** am **3. Oktober 1990**